はじめに　一生モノの仕事を手に入れませんか？

年齢を重ねて、企業での経験を積み重ねてきたからこそできる仕事。それがコンサルタントの仕事です。

ここで言うコンサルタントとは、朝から夜まで休みなく働き続けるモーレツなコンサルタントではありません。**仕事も、家庭も、趣味も、楽しみながら人生を謳歌できる、ニッチな部分で稼ぐコンサルタントになる方法**を書いています。

ニッチな部分とは、小さな市場や活動の領域のことです。自分の強みとも言いかえられます。今は、誰でも、どこに住んでいても、どんな状況でも、ニッチで稼ぐコンサルタントになるチャンスがあります。

今までですと、コンサルタントは、大手のコンサルティング会社に勤める人の肩書として書いてあることがほとんどでしたが、最近は、副業や個人事業主として、経営コンサルタントや、集客コンサルタントなどの名刺を持つ方もずいぶん増えてきました。

会社勤めの経験や、ニッチな部分でナンバーワンになれるような得意分野があれば、コンサルタントになれるチャンスがあります。

私は、研修会社の代表として15年以上仕事をし、数々の会社にアドバイスを行ってきました。また、現在は6社の経営にも関わっています。

私の会社では、起業、独立したい人への支援も行っています。若手の起業家から、収益が出てきたので法人化したいという事業者まで、数多くの相談が来ます。そのような相談対応においても、コンサルタントは力を発揮できます。私の会社に登録してくれているコンサルタントが相談にのっています。彼らが今まで培ってきた会社での経験や知識が活かされる場面を多く見てきました。

起業や独立したばかりの人にアドバイスする仕事はとてもやりがいがあると私自身も実感しています。丁寧に伴走しながら支援することによって、コンサルタントと支援を受ける人との間に絆が生まれ、一緒に山登りをするように歩んでいくことができるのです。

この本は、**コンサルタントになってみたい人から、コンサルタントという仕事がどのようなものか知らなかった人までを幅広く対象**にしています。

本書を手に取っていただいた方に「会社勤めの経験や得意分野があれば誰でもコンサルタントになれる」とっておきの秘訣をお伝えしたいと思います。

「自分のことは自分ではわからない」とほとんどの方がおっしゃいます。それは、コンサルタントになりたいと相談に来る人も同じです。

本書を読んでいただくことで、**ご自身の隠れた才能を発見する**きっかけになれば幸いです。

誰もが、その人にしかない素晴らしい才能を持っていることに気がついてほしい。才能を活かすことによって、その周りの人たちも幸せになってほしい。それが実現したらこんなに嬉しいことはありません。

ご自身の強みと才能をコンサルタントの仕事で活かしてもらいたい、そんな思いでコンサルタント志望の人にノウハウを伝えて仕事をしてきました。

コンサルタントとして仕事をしている人からは、「自分が世の中の役に立っていると実感できる」「今までの経験が活かせて、しかもお金ももらえるので嬉しい」などの声をいただいています。

自分のニッチな部分での知識やノウハウを伝えることによって、多くの方の役に立てる仕事は、本人にとってもやりがいや生きがいを感じられるようです。

みなさん、自分にしかないニッチな強みを活かして、楽しく仕事をしています。

しかし、最初から自分の才能に気がついていた訳ではありません。

わかりやすい事例をご紹介します。以前、相談に来られたSさんは「抜群の営業力」を持っていました。しかし、その営業力を活かさず、まったく違うスキルを身につけてコンサルタントになろうとしていました。

Sさんは、営業力は特別なスキルだと思っていなかったのです。

ですが、他の方からすると「Sさんの営業力は素晴らしい!」と評価の対象になっていました。そこで、その営業力を活かしたコンサルメニューを提供しはじめたところ、多くのクライアントから依頼を受けるようになりました。

Sさんのお客様のなかには、若手社員に営業のスキルを教えてほしいと定期的に研修の依頼をしてくる会社もあります。営業のスキルを体系化したことによって、さらにお客様からの依頼が増えました。

自分のスキルを洗い出して、そのスキルを体系化することがコンサルタントとしての活動の一歩となります。

得意なことは本人にとって当たり前になってしまっていて、それが魅力だと気がつかないことが多いようです。そのような事例を今まで多く見てきました。

この本を読むことで、ご自身の仕事のキャリアや価値観が棚卸しでき、何が生きがいなのか発見できると思います。生きがいのある人生は豊かです。

ぜひ、みなさんも**ご自身の本当の強みを見つけて、その強みを活かせるコンサルタントの仕事にチャレンジ**していただけたらと思います。

林田佳代

CONTENTS

第2章 コンサルタントデビューまでに準備すること……59

CONTENTS

第3章 コンサルタントデビューから1年間にすること

第4章

コンサルタントデビューから2年目以降にすること

第5章 お客様から相談が絶えないコンサルタントになる秘訣

企画協力／吉田幸弘
本文デザイン／鷹觜麻衣子
ＤＴＰ／キャップス

第 1 章

自分の経験をお金に換える「ニッチ・コンサルタント」という生き方

実はコンサルタントは、理想の仕事だった

仕事をしながら、プライベートの時間も充分に持てる。こんな働き方があることをご存じでしたか？　ワークライフバランスがとれていると感じる人は、ストレスレベルが低く、生活の満足度や幸福度が高いという報告があります。

特に、今まで会社に勤めていて自分の時間が充分にとれなかった人にとって、**仕事も旅行も家族との時間も大切にできるコンサルタントの仕事**は、理想の働き方ではないでしょうか。

お金儲けだけではなく、社会の役に立ちたい。仕事を通して誰かの役に立ちたいと思っている人は多くいます。私の周りでは、そのような思いを持ったコンサルタントが、ワークライフバランスを重視して、幸せにお仕事をされています。みなさん、自分の強みを充分に活かして、仕事とプライベートのバランスがとれた、豊かな人生を歩んでいます。

私の経営する会社には研修講師、コンサルタント合わせて約６００名がいます。どんな人が活躍しているかご紹介しましょう。

銀行で支店長の経験がある50代後半のIさんは、今まで多くの経営者の課題に向き合ってきました。当然、会社の決算書も見ることができます。過去の経験から、相談に来た会社が融資を必要としているのか、その前に経営の立て直しが必要なのか、会社の決算書を見るだけでわかってしまいます。

Iさんは「数字を見ると会社の状態がすぐにわかります」と言います。長年の銀行での経験がそのスキルを育んだのは間違いありません。しかし、当の本人は「そんなことはできて当たり前、周りの人も普通にできていたから」と言います。しかし業界が変われば、銀行マンが周りにたくさんいて、数字を見ることができるのが当たり前という状況も変わります。

今までいた世界から一歩出て銀行以外の世界に行くと、ご自身の「決算書を見ただけで会社の経営状態が手に取るようにわかる」といったスキルがキラキラと輝いてくるのです。

もちろん、ご自身が今いる会社や今までの環境から一歩外に出ないと、そのことには気がつきません。ぜひみなさんには、外の世界に出る勇気を持ってもらいたいです。そして「自分のスキルは他の人と違ってどこが魅力的か」を探してみていただけたらと思います。

とはいえ、自分で自分の良いところはなかなか発見できないもの。そのために志を同じくした仲間との勉強会が非常に重要になってきます。

私は、コンサルタント・講師・顧問になるための勉強会や養成講座を通じて、自分のキャリアを成長させたい人へ情報を提供しています。本書では、そのような育成講座で提供しているノウハウを凝縮しました。

コンサルタント未経験の方がこの本を読めば、**自分の強みを発見できて、コンサルタントとしてデビューできる**ようになっています。お客様から喜ばれて、自分も仕事のやりがいや生きがいが得られるようなコツを提供しています。少しでもコンサルタントの仕事に興味を持ってもらえたら、とても嬉しいです。

将来に不安はありませんか？

自分のスキルの特徴に早くから気がついて、コンサルタントとして活躍を始めている人がいる一方で、定年退職や役職定年を前にして、自分のキャリアをまったく考えていない人もいます。

定年後は、「ゆっくり過ごしたい」「もう仕事は嫌だ」とおっしゃる方もいます。仕事をしていると毎日休みがあるなんて夢のようだ、と思うのでしょうが、休みが続くと、だんだんと不安な気持ちになってくる方もいます。

定年退職して、一定の期間は旅行したり、趣味を満喫したりしたとしても、また仕事をしたいと思ったときに仕事ができるノウハウを身につけておけば、安心して自由な時間を満喫できます。

毎日働いていた人が、外に出なくなったとたん、急に老けてしまうのを見ると、定年後に何もしない生活はお勧めできないな、と考えてしまいます。定年後、環境が変わっても、毎日行くところがあって、やることがある毎日は、生活に張り合いが出るのだと思います。それがすなわち、若さにつながるのかもしれません。

作者は不明（所説あり）なのですが、私があるコンサルタントに教えてもらった、仕事や幸せに関する言葉があります。一生をかけてやりがいのある仕事を持つことの大切さが実感できます。

・世の中で一番楽しく立派な事は、一生涯を貫く仕事を持つという事です。

・世の中で一番みじめな事は、人間として教養のない事です。
・世の中で一番さびしい事は、する仕事のない事です。
・世の中で一番みにくい事は、他人の生活をうらやむ事です。
・世の中で一番尊い事は、人の為に奉仕して決して恩にきせない事です。
・世の中で一番美しい事は、全ての物に愛情を持つ事です。
・世の中で一番悲しい事は、うそをつく事です。

しっかりと定年前から準備をしてコンサルタントのノウハウを身につけると、定年になっても自分の経験を活かした仕事を持てます。する仕事があって、人のために奉仕もできるのです。そのためには、10年後を見据えた、学びと計画が必要です。

定年退職後に感じる、「あるある」事例集

今の仕事を定年退職したら、どうなるのでしょうか。「こんなときどうするの?・」あるある事例集を作りました。

・今まで、毎日行くところがあって、やることが山積みだったが、明日からは何もすることがない。
・毎日家にいると、家族から邪魔者扱いをされてしまった。
・毎日家にいると、掃除や洗濯、食事の支度を頼まれていやになってしまった。
・やりたくない家事を手伝うことになって、イライラし、ストレスが爆発してしまった。
・家にいるのも退屈なので、毎日、図書館に行っている。
・図書館やスポーツクラブに行っているが、自分が世の中から必要とされていないのではないかと不安になる。
・定年後は旅行三昧と思っていたけど、だんだんとお金が無くなってきた。
・収入が無くなったので、お金が足りるか不安がある。
・誰からも必要とされていない無価値な自分を感じて、落ち込んでしまう。
・生活に張り合いが感じられない。

このようなコメントは、定年後の多くの人から実際に聞いた言葉です。

人生後半戦に向けて今やるべきこと

終身雇用制度が完全になくなると断言することは難しいですが、雇用形態は間違いなく変化していくことが予想されます。

私たちは、変化する環境に適応するために、従来の終身雇用のあり方に頼ることなく自分のキャリアを自分で切りひらく必要がでてきました。より柔軟で多様な働き方を受け入れていくことが必要とされています。

少しずつ定年が延長されてはいるものの、現状は65歳を超えると企業に居続けることは難しい状況です。多くの方は50歳、55歳、60歳、65歳の区切りで、仕事やキャリアについて考えるタイミングを持つようです。

しかし、このように将来を考えることはあっても、実際に自分の将来のために行動を起こす人は少数派です。目の前の仕事が忙しい、まだ先で大丈夫と思っているなど、理由はさまざまですが、何をどうすればいいかわからない、という人がほとんどです。

図表1　新体力テストの合計点の推移　　厚生労働省 HP の図を元に作成

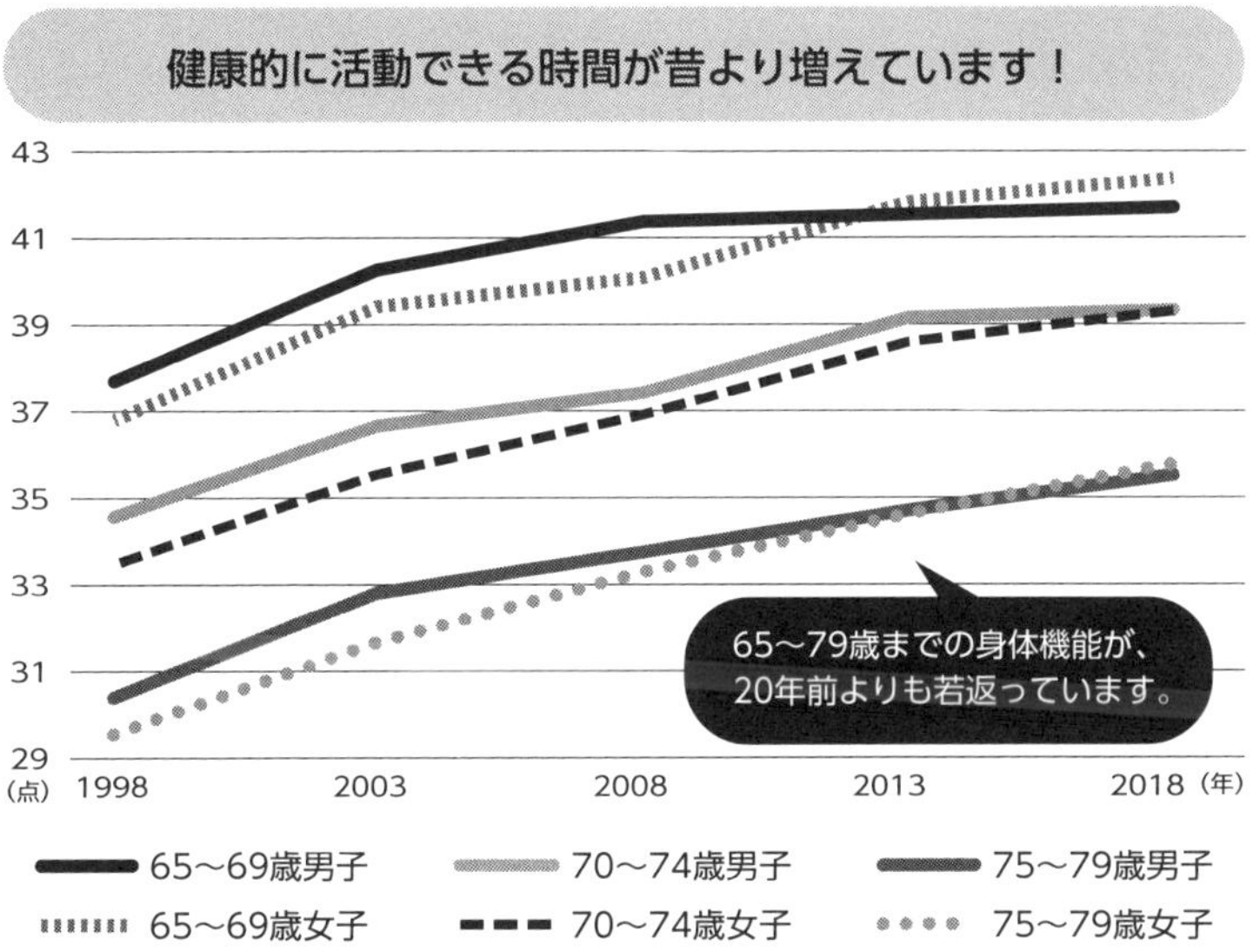

図表2　高年齢者の就労意向と就労希望年齢　　厚生労働省 HP の図を元に作成

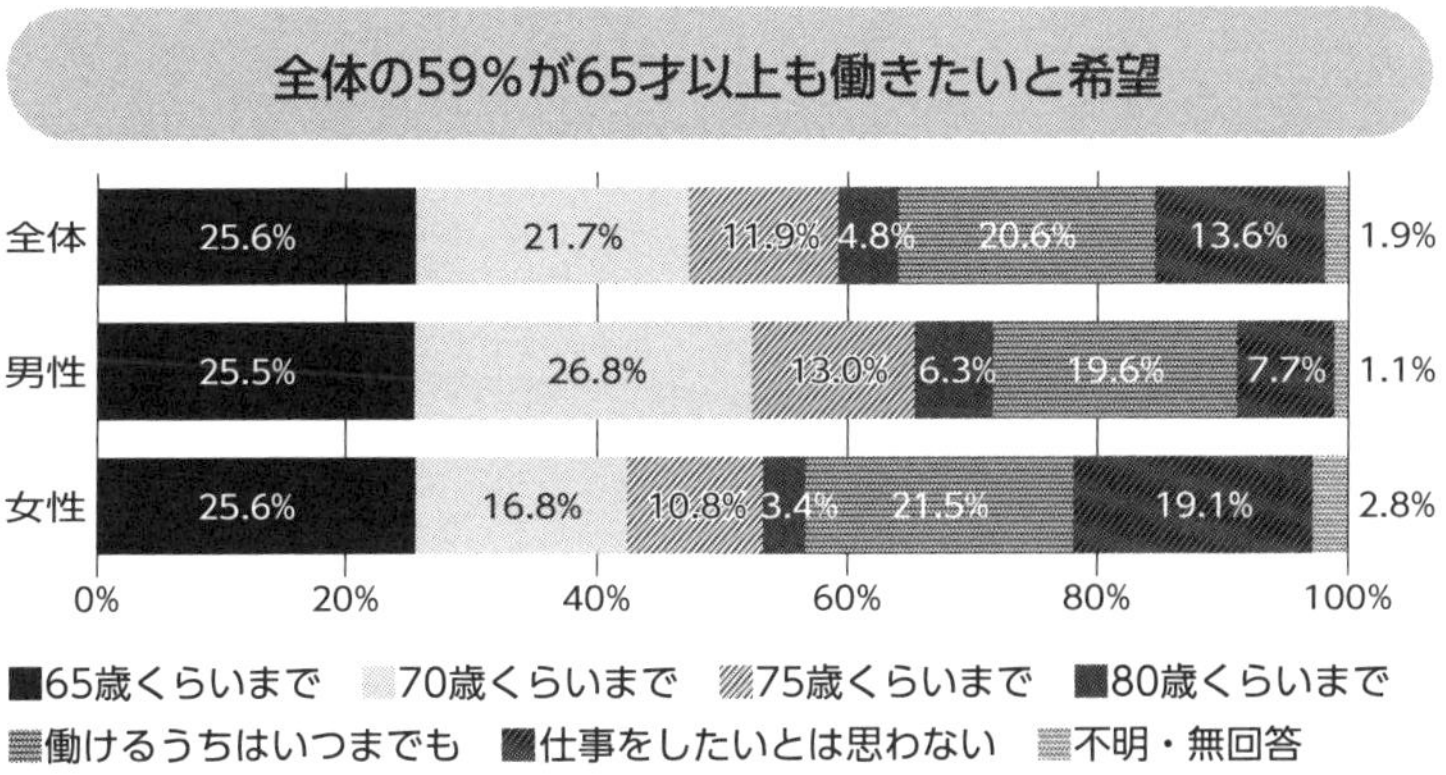

65歳を超えて仕事を持つことは、世間一般には難しいとされています。今までのキャリアを活かせる仕事というよりは、特別なスキルを必要としない、時間を切り売りする仕事しか見つからない、と嘆く声を多く聞きます。

日本では、少子高齢化が急速に進行しており、２０６５年には生産年齢人口の割合が全人口の約50％まで落ち込むと推計されています。

一方で、高年齢者の身体機能については、２０１８年には男女とも65歳以上のいずれの年齢階級においても、20年前の水準を超えている（図表１）など、高年齢者の若返りが確認されています。

また、就業希望年齢として、全体の約２割が「働けるうちはいつまでも」と回答しており、約６割が65歳を超えて就業することを希望しています（図表２）。

このような環境の変化に対応し、**自分のキャリアを見据えて、何歳になっても働ける準備をしておくことが大切**です。最近ではリスキリング（学び直し）の必要性も多く言われています。自分のキャリアを振り返って、磨く準備を始めましょう。

年代によってキャリアに対する悩みや不安の要素は違いますが、それぞれの年代で自分に投資できる時間とお金が変わります。自分自身のキャリアを見据えたときに、不安な要素は何かを見極めることが大切です。早めに準備をスタートすることで少しでも不安が少なくなるのではないでしょうか。

準備をするにあたってはいくつかのポイントがありますので、ここでご紹介します。

■自己棚卸しによる強みと弱みの分析

自分自身の得意なこと、不得意なこと、やりたいこと、やりたくないことを分析します。29ページに自己棚卸しシート（図表3）を載せましたので、ぜひ書き込んで今までの仕事人生を振り返ってください。

■知識とスキルの向上

学び直しの機会を自分から作ります。興味のあることや、自分のキャリアを活かせそうなこと、不足しているスキルを補う学びなどです。学び直しと言っても、今は学校に通わなくても、eラーニングや動画コンテンツなど自宅で学べる環境が整っています。

興味のあることから一つでもスタートしてみましょう。

自宅で学べるeラーニングの例

Udemy

世界中で広く展開しているオンライン学習サービスのプラットフォームです。教えたい人が講座動画をUdemyで公開し、学びたい人が講座を選んで購入します。プログラミングやデザインなど自分の知識・スキルを高めるものなど、講座の数は18万5000以上あります。

Schoo

仕事に関する知識やスキル、考え方を学べるオンライン学習サービスで、双方向型の生放送授業です。ビジネスに関するスキル、デザイン、AIについての知識、リベラルアーツなど幅広く学ぶことができます。

Progate

初心者が初めてプログラミングをするときのための、無料で学べる入門のオンラインプログラミング学習サービスです。シンプルで使いやすいシステムです。

■社外の人との交流の機会を作る

情報を得るためにも、普段接することの少ない異業種の業界人や、社外のさまざまな年代の人と交流してみましょう。情報を得ることができ、気づきが与えられます。

オンラインコミュニティに入るのもお勧めです。

オンラインコミュニティといっても、ときおりオフ会もありますので、そのような機会に出かけてみて交流をしてみましょう。情報交換するだけでも大きなヒントを得られると思います。

■**実戦経験を積む**

ボランティアでもいいので、今後、自分のキャリアになりそうな分野での実践を積みましょう。最初からプロとしてデビューした人はいませんので、小さな実践を積み重ねます。

自分の興味のある分野で、ボランティアで実践できる場所を探してみましょう。

■**メンターを見つける**

自分と同じ立場だった人で、一歩先にキャリアを見つけて進んでいる人は周りにいませんか？　そのような人がいたら、情報交換をしてみましょう。きっと、何かしらの発見があります。その人の参加している交流会に一緒についていくなど、メンターを自分で決めて声をかけるといいと思います。

普段、忙しく仕事をしていると、5年後、10年後のことを考える時間がないかもしれません。ですが、**将来をイメージしている人としていない人では、その後のキャリアに大きな差が出る**のです。

ご自身のキャリアをイメージできていれば、終身雇用の限界も怖くありません。雇用は、年を重ねるといつか終了となります。終了となる前に、自分で自分のキャリアを切りひらくことが大切です。

実戦経験を積む方法は、ボランティアの他にもさまざまな方法がありますので、この後の章でもご紹介します。

■自己棚卸しシート

図表3の棚卸しシートに記入してみましょう。職業経験のなかで学んだこと、得られた知識・能力・スキルの部分が重要です。知っていて当たり前、できて当たり前だと思うことも含め、できるだけ多く書いてください。そして、自分自身の能力開発のために学んだこともできるだけたくさん書きましょう。

図表3　**人生後半戦のライフ・キャリアシート**

作成日：　　年　　月　　日

ふりがな		生年月日	年　　月　　日
氏　名			

■**職業経験などから得られた知識・能力・スキルなど**

これまでの職業経験のなかで得られた知識・能力・スキルを、職務内容とともに記入してください。

職務期間（年月～年月） 会社・団体名	職責・役割	職業経験のなかで学んだこと、得られた知識・能力・スキル

■**取得資格**

これまでに取得してきた資格と、その資格によってどんな仕事ができるのか記入してください。

職務期間（年月～年月） 免許・資格の名称	免許・資格の 認定機関の名称	免許・資格の内容など

■**能力開発・自己啓発のために学んだこと**

これまでに受講したセミナー、通信教育等で学んだこと、得られたこと、知識・技能等を記入してください。

受講した時期	受講期間・団体名 講習・セミナー名	内容（学んだこと、得られたもの）

厚生労働省HPの図を元に作成

コンサルタントは年齢制限なし

コンサルタントとして、誰でも、どんなときでも、いくつになっても活躍できるノウハウを知っていれば、フルタイムの会社員にならなくても、安心して働く環境を手に入れることができます。実際に70代、80代で活躍しているコンサルタントも多くいます。

次のページに、コンサルタントのタイプをA、B、C、Dに分けて、自分に合ったコンサルタントの働き方がわかるようなチャートを載せました（図表4）。ぜひ、自分に合ったタイプを知って、これからのコンサルタント活動の参考にしていただけたらと思います。

生涯仕事を続けたいか、どのような働き方が理想か、直感で構いませんのでチャートに沿って、A、B、C、Dのタイプ分けを行ってください。ご自身の心地よい働き方が見つかります。

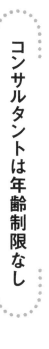

図表4　コンサルタントタイプの見分け方チャート

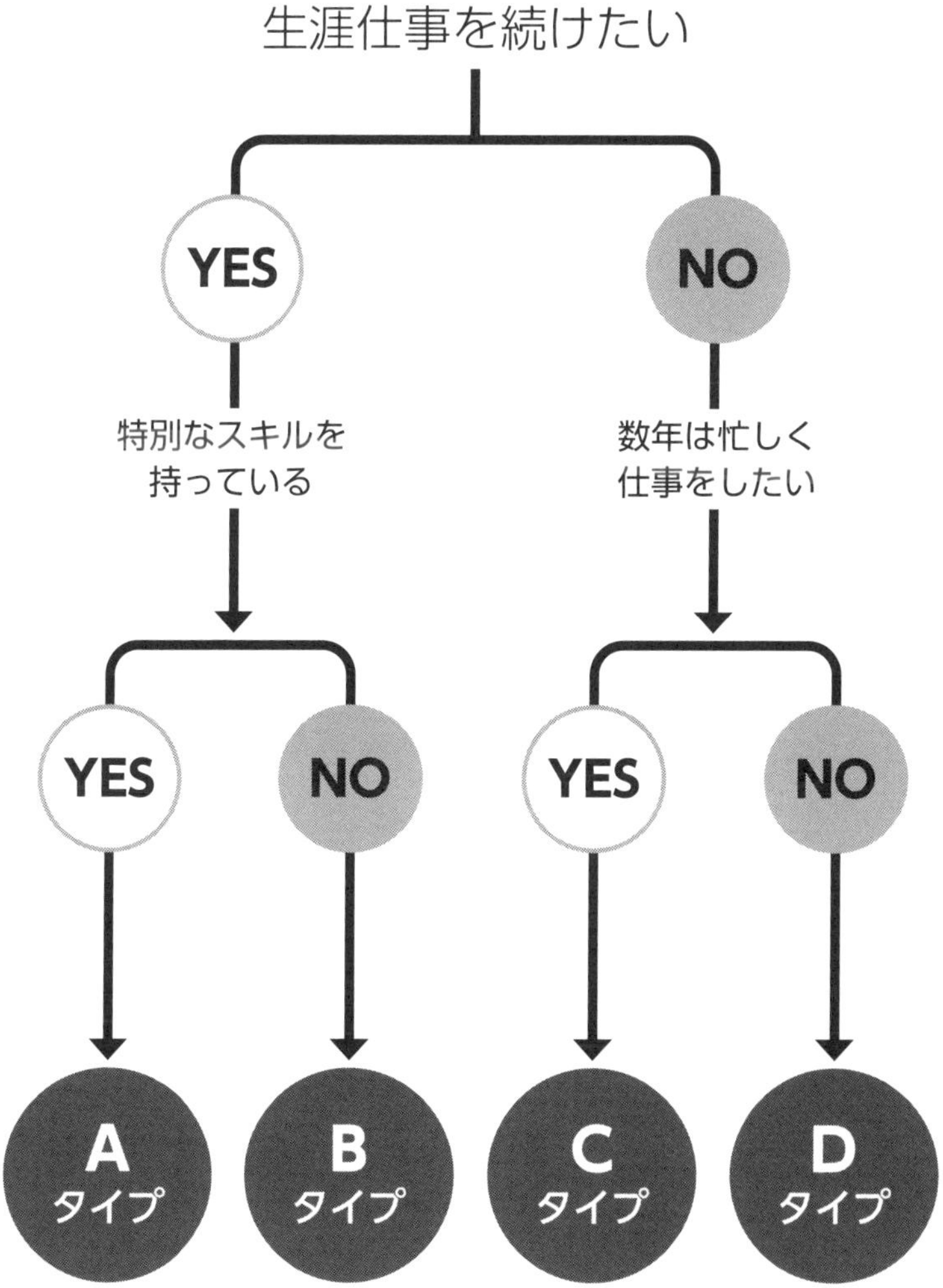

・Aタイプ……やる気もあって、スキルもある人はすぐにでもコンサルタントとしての活動をスタートできます。特別なスキルをどのようにお客様の会社で活かすかを説明できるようにしておきましょう。
・Bタイプ……もし生涯仕事を続けたい気持ちがあれば、必要なスキルを身につけましょう。インプットとアウトプットを繰り返すことでコンサルタントの実力が付きます。
・Cタイプ……ご自身の人脈を顧問先企業に紹介することで数年は活躍することができます。さらに学び直しをし、コンサルタントのノウハウを身につければ鬼に金棒です。
・Dタイプ……趣味やボランティアで気楽に活動し、地域での活動などにもかかわるとよいでしょう。気楽に無理せず楽しむことが長続きの秘訣です。

会社員として就職しようとすると年齢の壁が付いてきますが、フリーランスのコンサルタントには年齢制限がありません。

お客様が一人でもいれば、フリーランスのコンサルタントとしてのキャリアがスタートできるのです。**コンサルタントになるには、年齢不問、学歴不要、資金もゼロでスタートできます。**

そのようにして少しずつ、コンサルタントのキャリアをスタートしていくことをお勧めします。まずは一歩ずつ積み重ねていきましょう。

コンサルタントに学歴は不要です

コンサルタントと言えば、大手のコンサルティングファーム出身者しかできないのではと思われるかもしれませんが、そのようなことはまったくありません。

現在活躍しているコンサルタントの学歴やキャリアもさまざまです。お客様から喜ばれて、次もお願いしますと言ってもらえるかどうか、これがコンサルタントとして長く続くかどうかの秘訣です。

学歴に関係なくコンサルタントとして活躍されている方はいます。自分の棚卸しをしっかりとして、今までの経験とスキルを活かして活動しています。

学歴を作りたいと思ったら、それも可能です。全国の大学院では社会人大学院生を多く受け入れています。自分のキャリアの軸が決まったら、その軸をテーマに社会人大学院生になって学ぶのもいいかもしれません。

学歴は不問ですが、常に情報を収集して学び直しを行うスキルはコンサルタントにとって必要なスキルと言えます。

「ニッチ」なスキルこそ最高の強みになる

「ニッチ」の意味は、特定の小さな市場や活動の領域ですが、「ニッチとは具体的にどのようなことか」を考えるトレーニングとして、いくつか事例を交えて解説します。

たとえば、とても珍しい趣味や特殊な興味を持っていて、それについての商品が一般のお店に売っていないとします。その場合、お客様はその商品を販売しているお店を探してそこに問い合わせをするのではないでしょうか。このような、特定の小さな市場をニッチ市場といいます。

一般的ではないアニメのグッズを売っているお店は、ニッチ市場をターゲットにしていると言えます。このお店は、一般的なアニメファンよりも、さらに熱心な少数派のファンを対象にしています。

工場の部品という例で考えてみましょう。この部品は非常に特殊で、使われるのは特定の産業や特定の機械に限られています。他の多くの工場では生産されていません。この部品を必要としているお客様は、その工場に注文するしかないわけです。これが「ニッチ市場」です。

大阪のある町工場の例ですが、おむつの製造機械の世界シェア3位というニッチな部分を市場にし続けている会社があります。この会社は、世界シェアナンバーワンを目指して、頑張っています。

この会社の人たちは、全世界へ機械の修理に出張するため、英語力も交渉力もグローバルスタンダードです。まさに、どこにいても、どのような状況でもニッチな強みがあると、世界で活躍できるといういい事例だと思います。

大規模な市場ではなく、特定の製品に特化した小規模な市場で勝負をするのが、ニッチ市場で仕事をするということなのです。

このようなニッチ市場は、大きな市場に比べて競争が少なく、その分野に特化することで安定した収益を確保できる場合があります。また、専門知識や技術が求められるため、その分野での専門家としての価値も高まります。

簡単に言うと、**ニッチとは提供するサービスや商品が市場の小さな部分をおさえ、そこで強みを発揮している状態のこと**を指します。この考え方は、他の多くの業界にも当てはまる便利な考え方です。

このような考え方を参考にして、自分自身の強みとニッチな部分を発見しましょう。

キャリアの棚卸しをしよう

私の会社には、さまざまな年齢、性別の人がコンサルタントとして登録をしています。専門分野を持っていれば年齢は関係ありません。今までの社会人経験のなかで、他の人にはない、ご自身の専門分野は何でしょうか。探せばきっといくつか出てくるはずです。

たとえば、現代は情報セキュリティに関する知識が進化し続けており、最新の情報セキュリティを知っているコンサルタントは年齢に関係なく、企業からのニーズが高いです。企業のなかで情報セキュリティ担当者だった人はそれがご自身のスキルとなるのです。

図表5

キャリアの棚卸し緊急度チェック表

あてはまる項目に○をつけてみましょう。

- □ 収入が落ちた、または落ちそう。
- □ 世の中の変化についていけるかなど、今後に不安を感じている。
- □ 定年後に収入がダウンした。
- □ このままでいいのかなという漠然とした不安がある。
- □ 50代、60代の理想の自分の姿が思い浮かばない。
- □ 体力に不安がある。
- □ 今後の人生の理想像が２つ以上思い浮かばない。
- □ 起業や副業の可能性や、趣味に生きる可能性は考えたことがない。
- □ 人生の先輩のお手本が５つ以上思い浮かばない。
- □ キャリアについて今まで考えたことがない。
- □ 今まで仕事＝人生で猛烈に仕事をしてきた。
- □ 家族との会話が1日30分以内である。
- □ 趣味を通じた知人・友人が10人以下である。
- □ 自分の理想の10年後がイメージできない。
- □ 生きがいややりがいを感じることが少なくなってきた。

○はいくつありましたか？

15個…………今すぐ行動
10個〜14個…半年後行動
５個〜９個…１年後行動
１個〜４個…すでにキャリアについてはプランをお持ちだと思いますので、あとは実行のみです。

他にも、ホテル業界の人材育成をずっと担っていたので接客業の会社のホスピタリティを上げることが得意であるなど、それぞれの専門分野を持っている人は活躍の道がひらけています。

業界が変われば専門分野も変わります。**自分のいた業界ではない仕事をしてきた人たちと話をすることが気づきのきっかけになります。**

また、ご自身が趣味で学んでいた知識がコンサルタントとして活きてくる事例もあります。このあと、活躍しているAさん、Bさん、Cさんの事例を紹介しますので、コンサルタントの仕事をイメージしていただけたらと思います。

まずは、ご自身のコンサルタントの要素チェックをしていただき、その後どのようなタイプのコンサルタントが合っているかを見ていただきたいと思います。

前のページのチェック表（図表5）は、キャリアの棚卸しの緊急度を確認する表です。該当の数が多い人ほど早くキャリアの棚卸しをして、次のキャリアを考えたほうがいいです。ぜひ、ご自身でチェックしてみてください。

業界が変われば強みも変わる

Aさんの事例を紹介しましょう。Aさんはセキュリティコンサルタントとして全国各地を飛び回っている超人気コンサルタントです。セキュリティに関する専門知識を持っているだけではなく、地方自治体におけるセキュリティ対策にも詳しいというニッチな専門分野を持っています。大学卒業後、大手のデータ通信会社に就職、社内での競争も激しかったので懸命に仕事をしました。国内・海外のサーバーの設計構築や海外での研究開発などを経験しました。

20年以上も、その地域や会社の状況に合わせたシステム基盤構築、専門技術による地域活性化を手掛けてきました。そこでの経験を活かして、現在は、情報基盤構築支援やマイナンバー対応支援コンサルティング、セキュリティ強靭《きょうじん》化対応支援コンサルティングなどをしています。まさに、会社員時代の経験をコンサルタントとして活かしている事例なのです。

現在、Aさんは地方自治体の情報セキュリティ担当部門をお客様として、全国各地でセキュリティに関するコンサルティングを行っています。Aさんの仕事のやりがいは、地方に行くことによって地域に貢献できている実感を得られることだそうです。

しかし、このように20年以上の会社員の経験があっても、それだけではコンサルタントにはなれません。まずは、お客様がどこにいるのか、お客様が何に困っているのか、どのような課題解決策を提供すれば喜んでもらえるのかをしっかりと把握し、提案し、お客様に喜んでいただかなければ、仕事としては成り立たないのです。

実際に地方都市に行くと、都心との情報格差があり、セキュリティ対策も遅れていることが多いそうです。近年では、たった一回の情報漏洩で会社がつぶれてしまうこともある時代です。Aさんは、「まだまだやることがたくさんあります」と言います。

出張が多く、自宅に戻ることが少ない状況ですが、強みを生かし、やりがいをもって仕事をしています。そんな充実した毎日を過ごしているAさんです。

会社員時代の新規事業の経験を活かす

Bさんの事例を紹介しましょう。Bさんは大手の保険会社で新規事業を任されて立ち上げた経験がありました。Bさんはそれまで、その保険会社でさまざまな部署を経験してきました。

その後、会社の早期退職制度で、社内で起業家を育てるプログラムに応募、自分の事業を立ち上げた経験をお持ちです。Bさんは自分の経験を元にアイデアを具現化するコンサルティングサービスを提供しています。

具体的には社会に貢献する社会起業家をどのように育てるか、社内で新規事業を立ち上げるにはどうすればいいか、社会的価値のある企業になるためにどのように取り組めばいいか、などをアドバイスするコンサルタントとして活躍しています。

特に、社会起業家を育てるプログラムがすばらしく、そのようなプログラムを持っているコンサルタントが少ないことから、専門特化した分野での第一人者となりつつあります。

社会起業家とは、社会問題や社会課題をビジネスによって解決する人のことを指します。日本では社会起業家と呼ばれることが多いですが、国際的にはソーシャルアントレプレナーと呼ばれています。

Bさんは、ただ社会起業家を育てるプログラムを持っているだけではありません。会社員として、本社部長や支店長として活動してきたなかで得た経験や、会社員時代に学んできたマーケティングの知識があります。今まで身につけてきたスキルがあるからこそ、新しい「社会起業家育成のプログラム」の企画が提案先企業に受け入れられています。

日頃から取引先企業を観察してみよう

Cさんの事例を紹介しましょう。Cさんは高校卒業後、地元の小さな商社に入社しました。そこでは、営業のノウハウをイチから叩き込まれ、自分でも努力し、営業マンとして40年近く活躍しました。

営業センスは抜群で、55歳で早期退職をしてからさらに25年以上コンサルタントとして活躍しています。現在は83歳。現役で多くの顧問先を持っています。また、多くの後輩コンサルタントから、どのようにすればコンサルタントとして活躍できるのか聞かれる機会も多いため、後輩コンサルタントに時折アドバイスもしています。

Ｃさんの強みは何と言っても抜群の営業センスです。現在も営業コンサルタントとして企業から相談を受けることが多いですが、営業センスだけではなく会社員時代に培った、「企業を見極める目」がベースとなっています。

会社員時代に、この会社の業績はどうか、課題は何か、社長の人となりはどうか、などを見極めて、取り引きをするかどうかを判断していたと言います。その経験があったうえで、企業に対して営業の側面から支援をするコンサルティングができているのです。

時代が変わっても、営業のスキルは変わりません。人と人が信頼を積み重ねることによって、営業活動が成立します。Ｃさんのお人柄が営業コンサルタントのノウハウに加わって、お客様からも人気のあるコンサルタントであり続けています。

自分に強みはないと思っていませんか？

コンサルタントは、クライアントとなる企業の業績が良くなることが、自身の成果につながります。業績が向上することや会社の人事制度が整うこと、安定した経営ができるようになること、会社として成長し続けることをクライアント企業と一緒になって考えます。

顧問先企業のメンバーと、ともに汗をかいてやっていくことが何より喜ばれる仕事の仕方なのです。今まで経験してきたそれぞれのスキルを見極めて、どうやって自分のスキルを活かせるかを考えましょう。

どのようにすれば、お客様からも喜ばれて、自分もやりがいを持って仕事に取り組むことができるか、そして、会社員として働いていたころと同じ、またはもっと高い金額で、自分の知識をお金に換えることができるかをお伝えしていきたいと思います。

先ほどもお伝えしましたが、その人の本当の強みは本人にとっては呼吸するように当たり前になってしまっていて、本人が気づいていないことが多いのです。

自分には、そんな強みはないと思っている人でも大丈夫です。その強みに気がついていないだけです。特に会社に所属して学んだことは、他の業界の方にとっては知らないことが多いのです。

自分の経験が、他の人とどれだけ違うか確認して、その経験をどのようにしたらコンサルタントとして活かせるのか一緒に考えていきましょう。そのうえで、誰でもスタートできるコンサルタントの基礎を学んでデビューすれば、お客様から喜ばれるコンサルタントになれることは間違いありません。
まずは一社お客様を見つけるために、準備を始めましょう。

会社を作る際には会社名を考える必要があります。個人事業主として活動する場合は、屋号を考える必要があります。屋号とは会社名と同じですが、株式会社や合同会社がつかないタイプの会社名です。たとえば林田商店とか、林田コンサルタントグループとか、自由につけることができる名前です。

その際には、商標を確認して名前を付けましょう（49ページ参照）。名前を考えて名刺やパンフレットを作ったあとに、他の企業がすでに使用している名前や類似した名前だったために、名前を変えるように言われてしまうケースもあります。

また、会社を立てる場合には、法人の形態が複数ありますので、ご自身にあったタイプの法人を設立することが必要です。種類と選び方は表にして後続のページに記載しましたので、参考にしていただけたらと思います。

「ナンバーワンニッチ」という考え方

準備を始めると同時に進めてもらいたいのが、ナンバーワンニッチを探すことです。

ナンバーワンニッチとは、狭い範囲で一番になることです。

たとえば、「経営コンサルタント」だと、範囲が広すぎて競争相手もたくさんいます。これが、男性エステサロン向けの経営コンサルタントだとどうでしょうか？　範囲を狭めることによって、競争相手も減りますし、専門特化することで強みが際立ちます。

Mさんは、コミュニケーション力向上のコンサルタントとして仕事をしていましたが、ネイルサロン専門のコミュニケーション力向上コンサルタントとして、ターゲットとなるお客様を絞り込み、ネイルサロン専門の冊子でコラムを書いたそうです。

そうすると、ネイル業界のコミュニケーションならMさん、と評判になり、今ではネイルサロンだけではなく広くビューティー業界からの依頼が来ています。

自分の強みと得意分野は何かを明確にして、その強みを使って誰にどのようにアピールしていくかが重要になります。

自分が今までしてきた経験も、業界を変えるとほかの人にはできない特殊なスキルになることがあります。今まで積み重ねてきた経験のなかで、まったく違う業界の人から「すごい！」と言われた強みや得意分野はないでしょうか？

ポイントは、2つの特殊なニッチを掛け合わせて考えることです。まったく違う2つの分野のニッチな特技をもっていないでしょうか？

たとえば、会計士の資格を持っていて、食品メーカーでラーメンの研究をしていた方は、ラーメン店専門の会計コンサルタント。

たとえば、ホテルでサービスのプロとして仕事をしていて、手話がネイティブ並みにできる人（手話クラブに入って10年など）は、サービス業に向けた、身体的に不自由さを持った方向けのサービスをアドバイスできるプロフェッショナルアドバイザー、などです。

そのような、2つの特殊なキャリアや特技を掛け合わせるとナンバーワンニッチが完成します。

キャリアは、よく「専門性」と「マネジメント」の二軸で説明されます。専門性の軸は、特定の分野や技術における深い知識や技能を追求することを意味します。

エンジニアであればプログラミング言語やシステム設計。医師であれば特定の医療分野や治療技術に関する専門知識を極めることが該当します。

専門性を高めることで、その分野における専門家としての地位を確立し、より高い価値を提供できるようになります。

マネジメントの軸は、チームやプロジェクト、組織を効果的に管理し、リードする能力を発展させることを指します。この軸では、人材の育成、プロジェクト管理、戦略的思考、リーダーシップといったスキルが求められます。


「専門性」と「マネジメント」の二軸にこだわらず、2つの軸という意味で広く考えて自分のニッチな部分を探しましょう。「専門性」と「専門性」の掛け合わせでもいいですし、「専門性」と「ちょっと変わった趣味」でもOKです。自分が他の人と違うところを探すと、ニッチな部分の発見につながります。

もし可能であれば、仲間と一緒に29ページの図表3の書き込みをやってみましょう。お互いにシートを交換すると、人と違う自分のニッチな部分が浮き彫りになります。

そこでまずは、ナンバーワンニッチになるために、会社の名前を考えるときに注意する3つのポイントをご紹介します。

①ブランドを表して、仕事内容がイメージできる名前にする

たとえば、デザインをアドバイスするコンサルタントであれば「〇〇デザイン」、美容商材に特化してアドバイスするコンサルタントであれば「〇〇ビューティー」など、名前を聞いただけで仕事の内容がイメージできるようにしましょう。

②読みやすい名前にする

会社名を覚えてもらうためには、読みやすく、わかりやすくする必要があります。特にローマ字や英語表記の際は気をつけましょう。会社名もサービス名前も、まずはお客様に覚えてもらうことが大事です。わかりやすい名前になっているか、周りの人に確認してもらいましょう。

③商標をチェックする

商標をチェックするサイトが特許庁にありますので「J-Plat Pat」特許情報プラットフ

ォームで検索します。まずはこのページでチェックして、自分で考えた商標と似た名前がないか、確認しましょう。

先に登録された商標と同じものや似ているもので、かつ、使用する商品・サービスが同じものや似ているものは登録できません。似たような商標がないか「商標検索」で検索してみましょう。

https://www.j-platpat.inpit.go.jp/

全国都道府県の中小企業支援センターなどに「知財総合支援窓口」という相談窓口があります。知財や商標について相談ができます。相談無料の公共サービスですので、ロゴや会社名が決まったら一度相談に行かれることをお勧めします。

https://chizai-portal.inpit.go.jp/

商標の種類の一覧を次のページの図表6に記載していますので、参考にしていただければと思います。

図表6

商標の種類の一覧

商標の種類	説明
文字商標	文字のみからなる商標のことをいいます。文字はカタカナ、ひらがな、漢字、ローマ字、数字等によって表されます。
図形商標	写実的なものから図案化したもの、幾何学的模様等の図形のみから構成される商標をいいます。
記号商標	暖簾(のれん)記号、文字を図案化し組み合わせた記号、記号的な紋章のことをいいます。
立体商標	立体的形状からなる商標をいいます。例えば、キャラクター、動物等の人形のような立体的形状からなります。
結合商標	異なる意味合いを持つ文字と文字を組み合わせた商標や、文字、図形、記号、立体的形状の二つ以上を組み合わせた商標をいいます。
音商標	音楽、音声、自然音等からなる商標であり、聴覚で認識される商標のことをいいます。例えば、テレビ CM に使われるサウンドロゴやパソコンの起動音等が考えられます。
色彩のみからなる商標	単色又は複数の色彩の組合せのみからなる商標(図形等に色彩が付されたものではない商標)であって、輪郭なく使用できるもののことをいいます。例えば、商品の包装紙や広告用の看板等、色彩を付する対象物によって形状を問わず使用される色彩が考えられます。
ホログラム商標	文字や図形等がホログラフィーその他の方法により変化する商標のことをいいます。
位置商標	図形等を商品等に付す位置が特定される商標のことをいいます。
動き商標	文字や図形等が時間の経過に伴って変化する商標のことをいいます。例えば、テレビやコンピューター画面等に映し出されて変化する文字や図形等があります。

内閣府大臣官房政府広報室提供　政府広報オンラインより引用

一生稼げるニッチなコンサルタントになる方法

65歳を超えても楽しく働きながら、プライベートも充実しているコンサルタントになるためには、学び続けることが必要です。活躍しているコンサルタントは、学びのインプットとアウトプットの繰り返しができています。学びの中から、自分の強みを生かすニッチな部分に磨きをかけましょう。

もう年だから、勉強はしないという言い訳は通用しません。一生稼げるコンサルタントは、常に情報のインプットとアウトプットをしているのです。学びといっても資格を取るだけが学びではありません。

たとえば、自分よりも10歳、20歳、年齢が違う人が使っている通信ツールを使えるようになることもひとつの学びです。最近では、さまざまな通信ツールが出てきています。メールの他にも、ＬＩＮＥやFacebook のメッセンジャー、Slack や Chatwork など、挙げればきりがないほどの通信ツールがあります。

図表7　**営利法人を設立する場合の会社の種類**

	株式会社	合同会社	合資会社	合名会社
会社の種類	株式	持分	持分	持分
資本金	資本金 1円以上～	資本金 1円以上～	規定なし	規定なし
出資者（呼称）	1名以上（株主）	1名以上（社員）	2名以上（社員）	2名以上（社員）
出資者と経営者	分離	同一	同一（有限責任社員と無限責任社員で分離する）	同一
責任の範囲	有限責任	有限責任	有限責任	無限責任
設立費用	25万円～	10万円～	6万円～	6万円～
最高意思決定機関	株主総会	社員の過半数	社員の過半数	社員の過半数
議決権	一株一議決権	一人一議決権	一人一議決権	一人一議決権
決算公告義務	有	無	無	無
登記書類	定款	定款	定款	定款
定款の認証	必要	不要	不要	不要
上場	できる	できない	できない	できない
役員の任期	規定あり	無制限	無制限	無制限
利益の配分	出資比率による	自由	自由	自由

そのようなツールが問題なく使えると、仕事の幅も広がります。通信手段が限定されてしまうと、周りが通信手段を合わせなければなりません。通信手段ひとつをとっても、学ぶ姿勢がとても大事です。

私たちの会社では、65歳以上のコンサルタントにも各種ツールを使っていただいています。さらにはZoom、Webex、Teamsなどのオンラインツールも使いこなしていらっしゃいます。

新しいことを学ぶ楽しさや、学んだことを活用するよろこびを感じながら、コンサルタントとして活躍している人が多くいます。あらゆる年代のお客様とやりとりすることで、いつまでも若々しく健康で、いきいきと仕事をすることができます。

コンサルタントとして実績ができてくると、法人化するかどうかの分岐点が出てきます。法人化は事業が軌道にのってから考えるという人も多いですが、法人にはどのようなタイプがあるのかを知っておきましょう。

法人のさまざまな種類と営利法人と非営利法人に分類した一覧（図表7、図表8）を紹介していますのでご確認ください。

図表8　営利法人と非営利法人の種類一覧

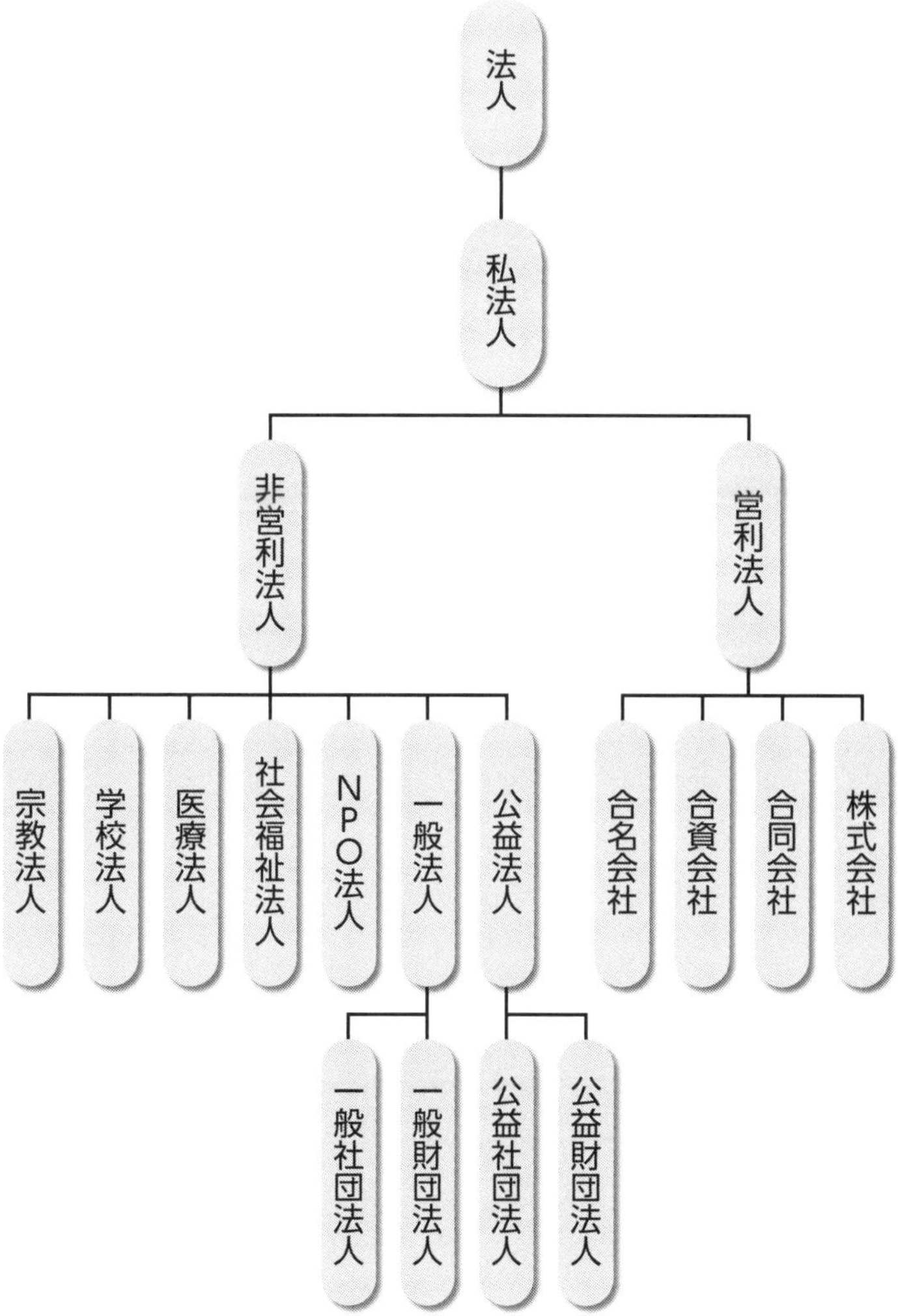

法人には、営利法人と非営利法人があり、営利法人には株式会社、合同会社、合資会社、合名会社があります。

営利法人は、商品やサービスを提供することで利益を追求し、その利益を株主やオーナーに分配することを主な目的としています。法人設立をする場合は、どれが自分のタイプに合うか検討が必要です。

非営利法人にはNPO法人や一般社団法人などのタイプが存在します。非営利法人は、公共の利益、社会的な目的、文化的・教育的活動など、特定の非営利の目的を達成することを活動内容としています。

法人にしたほうがいいか、個人事業主として活動をしたほうがいいかは、状況に応じて判断が必要ですが、人を雇うタイミングや社会的な信用が必要になるタイミングで法人にすることを考える人が多いようです。

次の章からは、コンサルタントの仕事に興味を持ってから、コンサルタントとしてデビューし、活躍し続けるために、何をどのように、どれだけやるかを時系列に沿って、「コンサルタントデビュー前」「コンサルタントデビューしてから1年目まで」「コンサルタントデビュー2年目以降」に分けてお伝えしていきたいと思います。

会社員時代には気づかなかった文章力を発見

Ｈ・Ｒさんは、建材メーカーの営業マン。会社員として、真面目に働く毎日を送っていました。あるとき、「子どもも大きくなったし、今後の人生どうしよう」と考え、自分の将来のイメージがまったく思い浮かばなかったそうです。

そこで、とりあえず、何か資格を取ってみようと中小企業診断士の試験にチャレンジしました。中小企業診断士の勉強会では、さまざまな業界の人と出会うことができて、Ｈ・Ｒさんの視野が広がりました。世の中はこんなに多様で、個性的な人がいるのだと実感したそうです。

２年勉強して中小企業診断士の試験に合格。今でも当時の仲間と情報交換をしています。一緒に勉強する仲間ができるなんて、会社員時代には考えられなかったと言います。

ときどき、副業として友人の中小企業診断士の補助金関連の資料作成を手伝っています。補助金の申請書は、１００万円の補助金を受け取るのに、書かなければならない紙の厚さは10センチ、と言われるくらいに書類の種類が多くて複雑です。そのような申請書を作れるのは、Ｈ・Ｒさんの文章力というニッチな強みがあったからです。

Ｈ・Ｒさんは、昔から本を読むのが好きだったので、国語の成績が良く、文章を書く才能がありました。中学生の頃は小説家にあこがれていたこともありました。ただ、その才能は会社員時代にはそれほど活かす機会がありませんでした。その才能がニッチな強みとして、今はＨ・Ｒさんの武器になっています。

補助金関連の資料を作成するには、審査する人を納得させる文章力と、営業的視点からお客様のサービスや商品をどのように説明するとわかりやすいか、という説明能力が必要です。そして、行政文書に慣れていて、中小企業の現状や、中小企業の課題、国の中小企業の支援施策などがベースの知識として必要です。

Ｈ・Ｒさんの得意な分野が「文章を書くこと」だったこと。会社員時代の経験から、「営業という視点」があること。まったく今まで接点のなかった「中小企業診断士の仲間」と勉強会などでのつながりを持ち、中小企業支援のノウハウを学ぶ機会が持てたこと。この3つの要素が重なってＨ・Ｒさんの強みとニッチが確立されました。

将来的には、今手伝っている会社に「コンサルタント」という肩書の名刺を作ってもらって、週に何回か手伝いに行く約束をしているそうです。

第2章

コンサルタントデビューまでに準備すること

コンサルタントデビュー前にすることはたったの3つ

この章では、「コンサルタントって面白そう。どうやったらなれるのかな」「自分もぜひコンサルタントになってみたいな」と思ったらまず何をすればよいのかをお伝えしたいと思います。

そもそもコンサルタントというと、外資系コンサルティング会社に所属していた経験がないとコンサルタントにはなれないのでは、と思っている人がいるかもしれません。日本にもコンサルティング会社は多くありますし、大手外資系コンサルティング会社がやらない規模の会社こそ、みなさんのようなコンサルタントを求めている場合が多いのです。

日本の企業のうちの99・7％が個人事業主を含む中小企業であるとのデータが中小企業庁から発表されています。企業全体のうち中小企業が圧倒的な割合を占めるのが日本なのです。みなさんのお客様は0・3％の大企業ではなく、99・7％の中小企業なのです。

なるほど、中小企業がお客様か、そしたら中小企業診断士の資格を取ればいいんだな、とか士業の資格を取ればいいのでは、と思うかもしれません。

もちろん資格を取ること自体は仕事にプラスになります。ですが、大事なことですので繰り返すと、一般的な知識やスキルではなく、**「あなただからできるスキルを提供すること」があって初めてお客様からの相談の絶えないコンサルタントになれる**ことを忘れないでおいてください。

では、「コンサルタントになりたいな」と思ったらするべきことについて、順を追ってお伝えしていきましょう。

デビュー前にすること1つ目：ツールを作る

ツールとは名刺、チラシ、プロフィールです。この3つのツールを作るためには、自分が何を提供できるのか、自分のアピールポイントは何かを考えて作る必要があります。

ですが、それを考えていると立ち止まってしまい、前に進まなくなってしまう人がいることも事実です。今まで、そのような人を多く見てきました。

そこで私がお勧めしているのは、まず名前、簡単な経歴、提供できそうなサービスを書いたツールを作ることです。

まずやってみて、軌道修正をすればいいのです。活動すると見えてくるものもありますので、まずは自分のツールを作ってみましょう。ツールを作る前には、屋号や会社名の商標をサイトで確認しておきましょう。

この確認を怠《おこた》ると、大変なことが起こる可能性があります。突然、商標侵害として内容証明が届いて、使っている屋号や会社名が使えなくなることもあります。ときには損害賠償を請求されることもありますので、しっかり確認してください。

絶対に必要な超重要ツール・名刺

名刺は自分を知ってもらうマストアイテムです。副業や事業を始めたばかりの人が「あ、ちょっと名刺は出せなくて」とか「名刺がまだ準備できてなくて、ロゴが決まってから作ろうと思っているのです」と言います。なんという機会損失!!　と、とても心配になってしまいます。

もし、その名刺交換の場が何かの会合で、その会合にお金を数千円でも払って参加しているのでしたら、そのお金を捨てたと同然になってしまいます。

人は忘れる生き物です。名刺を持っていない人の名前を憶えておくことは、よっぽどの記憶力の持ち主か、よっぽどあなたに興味がある場合にしかあり得ません。

とはいえ、「会社に副業していることがばれないようにしないといけないし、困ったな」と思う人もいらっしゃるでしょう。その場合は、名前と連絡先とわかりやすいキャッチコピーを書いておけばいいのです。会社で副業が禁止されている場合、「ボランティアでなんでもやります」と一行書いておけばいいでしょう。

きっと、その一言を書いておけば「へぇ、どんなことができるのですか？」と聞いてもらえるはずです。そこからまた出会いと会話が続きます。

たとえば、編集者でしたら、「そうですね、何か社内の文章があったら文章構成とか考えられますし、お客様にささるキャッチコピーも一緒に考えられそうです。御社はそういったお客様向けのチラシとか、販促の文章とか作られていますか？」と会話が続いていくはずです。

これが、**名刺を作ることのメリットです。お客様がニーズを持ってみなさんの前に現れてくれるのです！**

会合や交流会のなかでお客様にご自身のスキルをヒアリングしてもらえて、さらに多くのお客様が抱えているニーズまで聞かせてもらえる。それだけで楽しい出会いになること、間違いありません。

中小企業の社長さんにとって「経営コンサルタント」の肩書よりは「ボランティアでなんでもやります」の肩書のほうが数倍「おもしろい」肩書です。

そうして、何社かボランティアでお手伝いすると「自分が社会に提供できる価値」が浮き彫りになってきます。それこそが「究極の自分のスキル」になります。

最近ではプロボノという言葉も出てきました。プロボノ（Pro bono）とは、社会人が仕事を通じて培った知識やスキル、経験を活用して社会貢献するボランティア活動全般を指す言葉で、ラテン語の“pro bono publico”（公共善のために）の略です。社会的・公共的な目的のために、職業上のスキルや経験を活かして取り組む社会貢献活動を意味します。

プロボノには、弁護士や医療関係者など専門職の他、広報やＩＴ、営業に経理などさまざまな職種の方が活躍しています。プロボノはボランティアの一種で、その活動がプロボノかどうかを判断するのは「職業上のスキルや経験を活かして社会課題に対して取り組んでいるか」の視点が重要になります。

私の会社にもプロボノでお手伝いをしてくれている方が何人かいます。そのなかには、スゴ腕エンジニアもいます。私はＩＴ関係でわからないことがあったら、プロボノ活動をしてくれている人に聞いています。

たとえば、会社のメールアドレスの整理ってどうしたらいいの？　こんな質問もエンジニアの知識を使えば3分で解決します。エンジニアにとっては数分でできること、業界の知識として当然知っていることを伝えるだけのことかもしれません。ですが、業界が変わればその知識にとてつもない価値が生まれます。

ポイントは業界の軸をずらすこと、ＩＴに強い業界にいる方は、ＩＴに強くない業界と接点を持つことによってご自身の価値が高まるのです。そこに未来のお客様がいます。

話が少しずれましたが、まずは名刺を作ること、ここから始めましょう。名前と連絡先、そして自分が提供できる「価値」をキャッチコピーにして載せます。

自分の価値の探し方はこの後お伝えするとして、次は「チラシ」です。

チラシの内容は最初から完璧でなくていい

チラシと言われても、何をどうやって作ればいいの？　と思った方も大丈夫です。まずは名刺を作るときに考えた「名前」「連絡先」「キャッチコピー」を載せることからスタートしましょう。その際にこの後出てくるプロフィールも加えておけば完璧です。しかし、**完璧な出来上がりを待っていたらスタートできません。中途半端でもいいのです。まずはスタートすることが大事です。**

キャッチコピーですが、すでに世の中に提供したいサービスやものがある場合にはそのキャッチコピーを書きます。提供したいサービスがまだなければ、ご自身のプロフィールを書いて「ボランティアであなたの会社を手伝います」の一言で大丈夫です。

とにかく、壁打ちは数を多くすることが大事です。壁打ちによってご自身のサービスの価値が明確になって、磨かれてくるのです。

チラシを作るときは、自分ひとりで考えるよりも誰かに相談しながら作ったほうが早くできます。誰かに相談すると、独りよがりのチラシにならないのでお勧めです。

ひとりで考えても所詮、自分のことは自分ではわからないのです。友達に相談する、家族に相談するなどもお勧めです。

友達や家族には言いたくないなぁ、まして、同僚にも言えないし、と悩んでいる方は、たとえば、クラウドソーシングのサービスを利用してみるのはいかがでしょうか？　数千円でチラシを作ってくれるサービスもありますし、プロも在籍しています。もしチラシ作りに失敗したとしても数千円なら勉強代だと思えるはずです。

クラウドソーシングで有名なサイトには下記のようなサイトがあります。

・ランサーズ　https://www.lancers.jp/
・クラウドワークス　https://crowdworks.jp/
・ココナラ　https://coconala.co.jp/

このようなサイトには副業で登録されているプロもいるようです。運がよければ業界のプロにチラシを作ってもらえるかもしれません。

また、各サイトに登録している人に相談しながらチラシ作成を進めることによって、自分の提供するサービスに思わぬ穴があることに気がつきます。

たとえば、連絡先の電話番号をチラシに載せる場合は受付時間を設定する、などです。自分自身の携帯番号を載せていて、夜中に電話がかかってきたらびっくりしてしまいますよね？　受付電話番号を載せる際には、受付専用の携帯を用意する、代表番号を手配するなど、自分の携帯番号を載せる以外にもいろいろ方法はあります。穴が見つかったらその都度、ベストな方法を考えて軌道修正すればいいのです。

チラシを作る際には業者さんを探して丁寧な打ち合わせの後に何度も校正を重ねてしっかりとしたチラシを作ることが、本来の正しいやり方かもしれません。ですが、まずトライアルの段階では、何度も軌道修正をすることを考え、さっと作れて変更が可能なチラシを一つ持っておくといいと思います。

ひとつ、大切なことを伝えていませんでした。**クラウドサービスでチラシを作るときには後から自分で編集ができる形式で納品してもらうと便利です。**ご自身がイラストレータを使える場合はイラストレータのデータで納品してもらう、イラストレータのデータが使えない場合は、パワーポイントで納品してもらって、変更ができるようにしておくなどがお勧めです。

そのほか、私は自分の新規事業で、考えに行き詰まったときなど、事業の全体図を説明する企画書を、クラウドソーシングのサービスで作ってもらうことがあります。違った業界の違った目で（しかもセミプロまたはプロの目で）見ると、自分の新規事業の穴が見つかったり、より良いアイデアが生まれたりします。新しいサービスを作るときは複数の目で企画を見て、軌道修正をしていくことが必要です。その部分は工夫次第で自分でできるのです。

ＩＴ業界の用語でアジャイル開発という言葉があります。ソフトウェア開発における柔軟で効率的なアプローチのことを指し、変化に対応し、顧客のニーズに迅速に適応することを目指した開発方式と言われています。小さな改良をどんどん繰り返すことによって、お客様のニーズをすばやく取り入れ、成果物を更新し続けることができる、まさに現代のスピード重視の時代に合った開発方式だと言えます。

このアジャイルの考え方をビジネスにも取り入れていただいて、**チラシを頻繁にバー**

ジョンアップし、ビジネスモデルを見直すことによって、ご自身のコンサルタントとしてのメニューが増えていきます。

そのためにも、将来のお客様とのコミュニケーションを充分に取って、ニーズをくみ取り、軌道修正をして「あなた自身」の商品を、提供していくことが必要となります。

柔軟で、アジャイル的な進め方をするためには、急な変更や失敗を恐れずに、新しい考え方を積極的に受け入れることが必要です。

要は「失敗してもいいじゃない。もう一度やれば」の精神です。

それが大きな失敗だと取り返しがつきませんが、小さな失敗をすることによって大きな失敗が防げます。次のページにチラシの例（図表9）を載せましたので、参考にしてください。

失敗は気にすることはありません。誰もが通る道です。チラシの誤植があった、掲載の住所を間違えていた、問い合わせ方法を載せるのを忘れた、などはほんの小さな失敗です。もう一度チラシを作って印刷すればいいのです。

図表9　人事コンサルタントのチラシの例

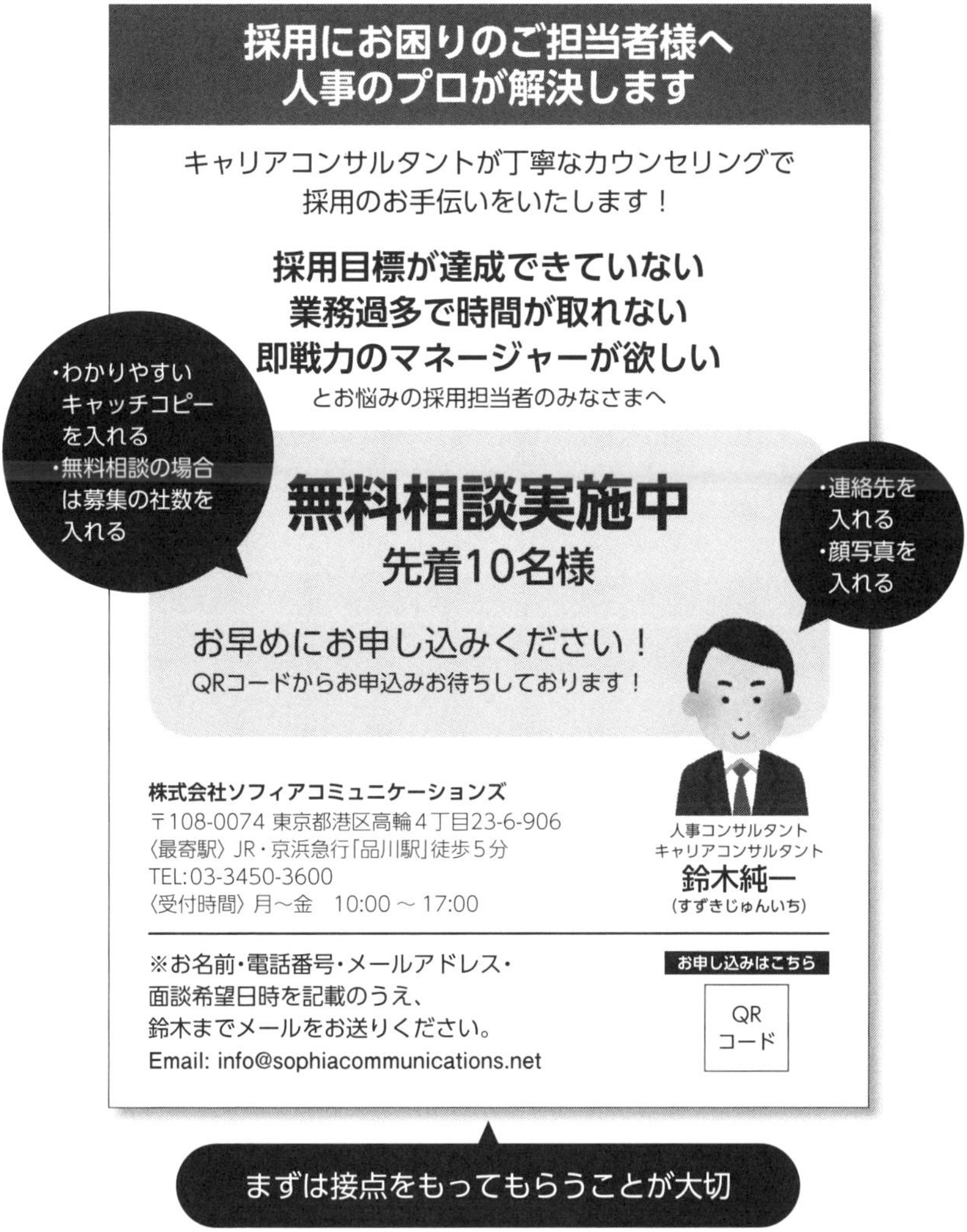

採用にお困りのご担当者様へ
人事のプロが解決します
キャリアコンサルタントが丁寧なカウンセリングで
採用のお手伝いをいたします！
採用目標が達成できていない
業務過多で時間が取れない
即戦力のマネージャーが欲しい
とお悩みの採用担当者のみなさまへ
無料相談実施中
先着10名様
お早めにお申し込みください！
QRコードからお申込みお待ちしております！
株式会社ソフィアコミュニケーションズ
〒108-0074 東京都港区高輪4丁目23-6-906
〈最寄駅〉JR・京浜急行「品川駅」徒歩5分
TEL:03-3450-3600
〈受付時間〉月～金　10:00 ～ 17:00

キャリアコンサルタント
鈴木純一
（すずきじゅんいち）
※お名前・電話番号・メールアドレス・
面談希望日時を記載のうえ、
鈴木までメールをお送りください。
Email: info@sophiacommunications.net
お申し込みはこちら

また会ってもらうためのプロフィールの条件

私の会社では、コンサルタントになりたいという人からの相談があると、その人に対してまずはプロフィールを送ってくださいとお願いしています。書式は指定していないため、それぞれの個性が出たプロフィールが到着します。そのなかで、良い例、そうでない例をいくつか挙げてみたいと思います。

コンサルタントとして活躍できる方のプロフィールはこのようになっています。

・写真が完璧
・キャッチコピーで何の専門家かがしっかりわかる
・その分野の専門家である裏付けが実績、経歴に書いてある
・ご自身のキャリアが端的にわかりやすく書いてある
・お願いしたら、依頼者がどうなるか見える化できている

図表10　**プロフィールのひな形サンプル**

プロフィール

名前（フリガナ）

社名／屋号　　役職

資格①

資格②

資格③

必ず写真を
入れて
ください

■経歴

最終学歴は必ずご記入ください。
年齢もよろしければご記入ください。
年表形式ではなく、具体的な仕事内容や立場などをご記入ください。

■得意テーマ（階層、テーマ、職種に分けてご記載ください）

・階層別：（新人、若手、中堅など）
・テーマ別：（マナー、コミュニケーションなど）
・職種別：（営業、販売など）

■実績

「●●株式会社」というかたちで社名の列記をお願いします。
社名の掲載が難しい場合は、業界＋規模でご記入ください。

■その他

出版実績があれば「書籍のタイトル、出版社名、刊行年」をご記載ください。

ソフィアコミュニケーションズ

このようなポイントを押さえていて、しかも**3秒で見て「何の専門家か」「どんなことがお客様に提供できるか」「どんな雰囲気（キャラクター）の方か」がわかるプロフィールである必要があります。**

逆に、残念だなと思う方のプロフィールはこのような例です。

・就職活動のときのような履歴書、職務経歴書が送られてくる
・コンサルタントとして活躍できるための工夫がされていない
・写真がない
・アピールが弱い
・何の専門家かわからない

要は、**このプロフィールの専門家とまた会ってみたい、とお客様に思ってもらうことが大切です。**そして、そのための工夫がされていることが必要です。

前のページで、コンサルタントデビューのためのプロフィールひな形（図表10）を載せていますので、そのひな形を見ながらあなた自身のオリジナルプロフィールを作ってみて

ください。

巻末にこのプロフィールひな形シートを無料でダウンロードできるＱＲコードを載せました。文字は消せるようにしていますので、屋号や会社名を入れてお使いください。

プロフィールの記入のポイントを詳しく解説していきます。

①写真

写真はとても大事なポイントです。お客様は、コンサルタントが会社に写真のような雰囲気で来ることをイメージしてプロフィールを見ています。まさかないとは思いますが、この写真の部分に趣味の山登りの写真や釣りの写真、携帯でパシャリと撮った普段の写真を載せていないでしょうか。この写真一枚で、コンサルタントの依頼金額が数十万円変わると思っていただけたら、写真館に行って撮影する数万円の金額は安いものでしょう。

写真はバストアップ、笑顔で撮影してください。男性はジャケットとネクタイの着用が好ましいです。ポケットチーフもあればなお良いです。

女性はジャケット着用で爽やかに、肌はあまり出しすぎないようにしましょう。ポイントは「信頼感」「爽やかさ」「明るさ」が写真から伝わるようにしてください。

提供するコンサルタントの内容によっては、写真も工夫してください。たとえば法務関係のコンサルティングの場合は「固さ」「信頼感」「公明正大さ」などをイメージとして出すようにしましょう。

②屋号

屋号については、法人化している場合は会社名を書けばOKですが、まだ法人化していない場合はここに何か屋号を付けましょう。どうしても考えつかなければ山田さんの場合は「山田商事」でもなんでも大丈夫です。

屋号を付けるときに落とし穴にはまってしまいがちなのが、お客様が読めない屋号を付けてしまうことです。覚えてもらえないですし、「なんだったっけ、あの読みにくい社名の人」と言われて忘れられてしまいます。

特に英文字で会社名を付けるとき注意するポイントが「読みやすいか」「カタカナで表したときに表現しやすいか」「スペルが書きやすいか」の3点です。

屋号を伝えたとき、名刺を出したときに「なんと読むのですか?」と聞かれたら、それは「わかりにくい」という意味なのです。

英文字で会社名を付けたときに困るのが、登記上はカタカナで登記されているけど、ホームページや名刺には英語で表記がされている場合です。公表されているのは英語なのでそのように認識して手続きを進めていると、登記簿上の正しい名前で手続きをすることが必要となってしまうということがあります。相手の会社からすると「英語なのかカタカナなのかどっちかはっきりしてほしい。面倒な会社だなぁ」となってしまうのです。

事業がうまくいくと、請求書を出してお振り込みをしていただくようになります。そのときに銀行の口座番号に紐づく登録名の読み方（銀行に登録してある名前）が英語なのか、カタカナなのか、はたまた、長音は入るのか入らないのか、英語での会社名はこのような部分でやりとりが煩雑化することが予想されます。

たとえば「谷」を意味する「valley」は「バレー」なのか「バレイ」なのか「バレィ」なのか、判断に悩みます。もし振込先口座番号の名前のところに正しい振り込みの読み方が書いていなければ、これも経理担当者が確認しなければならないひと手間になってしまい「面倒な会社だなぁ」になってしまうのです。

いったんお客様に「面倒な会社」と思われたら、その印象をくつがえすのはとても難しいことです。お客様から「面倒な会社」「面倒な人」と思われないようにする配慮はコンサルタントとしてデビューするときにとても大切なことです。

自分の組織（たとえ一人社長だったとしても）がお客様から愛されて、必要とされて、良い組織になるための第一歩なのです。

会社の名前を付けるときは、お客様への配慮、自社のブランドの発信、商標の確認などクリアしなければならないポイントがたくさんあります。ここで思い出してもらいたいのが「アジャイルの発想」です。

法人化してから会社名を変えるのは、いろいろな手続きが必要で、お金もかかります。ですので、法人化する前の段階で、まずは屋号を付けてみましょう。屋号は、法人化する前でも付けられるニックネームのようなものです。屋号を試してみてダメなら変える。そのくらい柔軟な発想でスタートしてみてもいいかもしれません。

自分の提供するサービスをイメージしやすい屋号で表す。独りよがりにならないで、お客様にとって覚えやすい社名を考えること、これも顧客満足度を上げる一つの秘訣です。

③資格

資格についても落とし穴があります。持っている資格をすべて並べていませんか？ 運転免許は、車の運転技術を教えるコンサルタントでしたら必要ですが、セキュリティを教えるＩＴコンサルタントのキャリアには必要の度合いが低いかもしれません。資格を書くのはせいぜい３つから５つです。最低限３つあれば充分です。

提供サービスに関連がある資格を大事なものから3つ、上から順番に書いてください。これも、自分のことは自分でわかりませんので、周りの仲間に聞いて自分のスキルや特技を確認してみましょう。

④経歴

最終学歴は書くことをお勧めします。しかし、はっきり言って学歴の有無はコンサルタントの能力とは関係ありません。その人が過去どのような経験をしてきたかが大事です。そのうえでその人のバックグラウンドを知る大切な情報となるのが学歴であり、経歴なのです。

Zさんは、大学を出ていないから書くのが嫌だな、とおっしゃっていました。しかしZさんは、中学を卒業後、会社を興して、30年の会社経営のキャリアのノウハウを持って、そのうえでコンサルタントを目指していました。

学歴ではなく、その後の30年のキャリアをどのように築いたかがとても大切で、そこにZさんの人間的魅力が加味されるのではないでしょうか。

経歴で見るポイントはもう一つあります。その人がどのくらい自分に投資をしているかが見えてくるのが経歴です。

日本は社会人大学院生が少ない国と言われていますが、海外で仕事の経験を積んだ人のキャリアを見ると、必ず何年かに1回は学び直しをされています。

私の知り合いのコンサルタントは、仕事をしながらアメリカの大学の大学院を卒業した後、中国の大学院を卒業、今は日本の大学院で博士課程を取っています。その人はスゴ腕コンサルタントとして全国各地で活躍をしています。

このように「学び直し」や「自己投資」をしているかどうかが見える経歴を書くことが大事です。今、世の中がどんどん変化しているのはご存じの通りですが、数年前に最先端だった技術がすぐに新しい技術に代わってしまいます。ですので、経験を活かし、新しい情報を取り入れて、インプットとアウトプットのスピードを上げていくことがコンサルタントとして必須の要件になってきます。

もちろん、インプットとアウトプットは何でもいいわけではなく、自分の経験や興味から自分が提供できること、興味を持って取り組めることが大前提です。そこも、自分の棚卸しと関わってきますので、後ほどお伝えしたいと思います。

⑤得意テーマ

ご自身の経験から、クライアントに提供できることを書きます。ここでも、注意するポイントがあります。「キャリアコンサルタント」「中小企業診断士」「キャリアコーチング」など学んだことをそのまま書く人がいます。世の中にキャリアコンサルタントの資格を持っている人は何人いるのでしょうか。２０２３年時点で６万人以上とされています。

その人数のなかで、他とは違うご自身のコンテンツを提供できているでしょうか。プロフィールには、他ではなくあなた自身にお願いしたいと思ってもらえるような理由は書いてあるでしょうか。

キャリアコンサルタントの資格を持っているので、キャリアコンサルティングを提供します。コーチングの勉強をしたのでコーチングを提供します。といった具合に学んだことをそのまま書くのではなく、学んだことを自分に落とし込んで、「あなたが相手に何を提供できるか」が明確に書いてあるでしょうか。

その「提供できること＝あなたのオリジナルコンテンツ」が、今の時代にマッチしていて、世の中のニーズに対応しているものであれば「あなたにお願いしたい」となります。

⑥実績

実績について、華々しい実績をお持ちでしたら、こちらにぜひお書きください。あくまでも提供するコンサルティングの内容に近いもの、コンサルタントとしてのキャリアにプラスになりそうなものをピックアップします。

セキュリティの専門家であればそれに沿った講演の実績や著書などを書きます。著書があれば本のタイトルと出版社名、刊行年を必ず書いておきましょう。

実績のところに「なし」と書く人がいますが、自分の専門分野や自分が今までやってきたことのなかから探せば必ず2、3個はあるはずです。

履歴書に書く「賞罰なし」とは違って、実績があることが活躍の前提になります。ご自身がお客様である場合もそうだと思いますが、コンサルティングしてもらうことを求めている人は、実績のない人に頼もうとは思わないはずです。

実績については、過去を振り返ってみて、それに該当する事柄を探してみましょう。どうしても思い浮かばない人も大丈夫です。

たとえば、人事系コンサルタントになりたい場合には、「部内のメンバー30名にキャリア相談を実施。満足度は90％」などです。これは、有料でキャリア相談をしていなくてもかまいません。実績として事実を書けばいいのです。そして、キャリア相談を行ったあとに、簡単なアンケートを取って満足度調査をすればいいのです。

そのような実績なら、今はなくてもこれから意識すれば作れると思います。そのほか、自分の専門分野で寄稿したり、冊子にコメントを書いたりした経験はありませんか？

図表11　鈴木さんのプロフィール：ビフォー

人事コンサルタントプロフィール

鈴木純一

■経歴

メーカーの人事部を経てフリーランスとなり、人事コンサルタントとして活動。現在はキャリアコンサルタントとして、キャリアに悩む方々のカウンセリングを実施する他、企業研修講師としても活動中。

■資格

国家資格キャリアコンサルタント
中小企業診断士
キャリアコーチ

ソフィアコミュニケーションズ

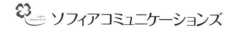

そのような経験があれば、その冊子の名前や発行年などを控えておいて、表紙と本文の写真も残しておきましょう。

参考までに、弊社に所属している人事コンサルタントの鈴木純一（仮名）さんのプロフィールをご紹介しましょう。鈴木さんは、大手メーカーの人事部出身です。その後、フリーランスを経て、人事コンサルタントとして活躍しています。その経験のすべてを入れ込んだのがこのプロフィールです。

ビフォー（図表11）とアフター（図表12）を見ていただくと、アフターのプロフィールが、より明確に鈴木さんの経験や、提供できる内容がわかるようになっていると思いますが、いかがでしょうか？

【ビフォー（図表11）で改善が必要な点】

・鈴木さんの特徴やその人らしさの出ていないプロフィールです。
・人事コンサルタントのプロフィールとなっていますが、具体的な実績を記載していないので、お客様が不安になります。
・写真がないため、どのようなひとが教えてくれるのか不安です。
・具体的に何ができるのか書いていないため、受け取る側がメリットを感じられません。

図表12　鈴木さんのプロフィール：アフター

プロフィール

鈴木純一（スズキ ジュンイチ）

SUZUKI人事コンサルティング代表
国家資格キャリアコンサルタント
中小企業診断士

■経歴

青春大学卒業後、電子部品メーカーに入社。営業部に配属の後、人事部で15年勤務。人事部では採用から人材開発までを3人のチームで行った。現在はフリーランスの人事コンサルタントとして、企業の採用支援から離職防止のプログラム策定まで、幅広く支援を行っている。大手広告代理店とタイアップして、就活生対象の合同セミナー運営や自社インターンシップを運営。学生評価に携わってきた経験を活かし、新卒採用コンサルタントとして企業へのアドバイスも行う。

■得意テーマ

・新入社員研修、中間管理職向けリーダー研修、経営者向けコーチング
・面談によるキャリア支援

■実績

・大手家電メーカー内定者研修（約100名）
・自動車部品メーカー採用支援
・印刷機器メーカー中間管理職向けキャリア支援

■その他

年間の個人キャリア面談者数500名以上。キャリアの支援が生きがいです。

ソフィアコミュニケーションズ

・何人にキャリアコンサルティングを行ったかなどの数字を入れるとよくなります。

デビュー前にすること2つ目：自分の棚卸し

自分の棚卸しをすることは、大切ですが簡単なことではありません。何しろ自分のことは自分ではわからないのが人間の常なのです。

そんなときこそ、一緒に学んでいる仲間やコンサルタントのチームのメンバーに棚卸しを手伝ってもらえるといいですね。そのような一緒に切磋琢磨し研鑽できる仲間を日ごろから作っておくことをお勧めします。

自分の棚卸しは「自分で考える→人に聞いてみる→自分で振り返る」。この手順が効果的です。繰り返し行うことで、自分自身の特徴が見えてきます。

棚卸しをするときに伝えているポイントが次の図（図表13）です。**「その1：やりたいこと」「その2：できること」「その3：世の中の役に立つこと」の3つの輪の重なっている部分を探すことが大事です。**

図表13

自分自身のぶれない芯の探し方ワーク

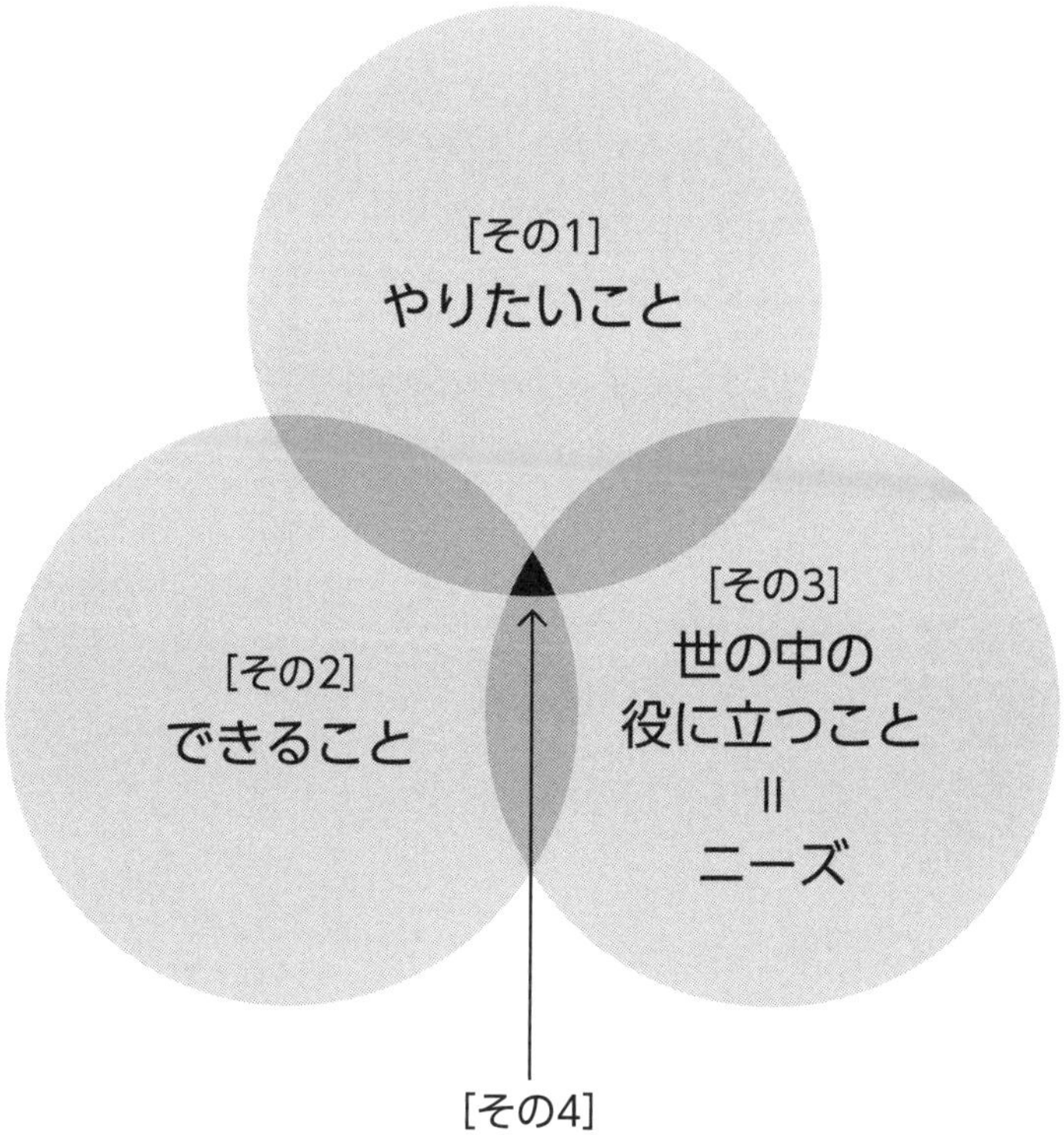

この3つの輪の重なりの部分こそが、その4：自分自身のぶれない芯です。それぞれの項目について自分の見つめ直しをしていただけたらと思います。

その1：やりたいことの探し方

今までにやってみたいな、と考えていたけどできなかったこと、まだできていないことはないですか？　小さいころになりたかった職業や、その職業に就きたいと思ったきっかけはなんでしたか？

たとえば、お医者さんになりたかった場合は、どうしてお医者さんになりたかったのでしょうか？　自分がけがをしたときに助けてもらったから、人を助けたかったから、病気の家族を助けたいと思ったからなど、理由はなんでもかまいません。

その仕事に就きたいと思った、そのときの感情が大事です。当時の感情を思い返して、感情をもう一度味わうことで、やりたいことを考えてみましょう。

きっと、その仕事に就きたいと思う前に、そう思うきっかけがあったと思います。そのきっかけを思い出してみましょう。当時はどのような気持ちでしたか？　過去の感情の振り返りを行うことによって、自分への理解が進みます。また、そのときの原動力を思い出してみましょう。そこにヒントがあります。

野球選手になりたかった人は、野球選手になってどのような感情を味わいたかったのでしょうか？　野球選手になって、チームのみんなと勝利に向かって一致団結して進むのがたまらなくワクワクする。ピッチャーとしてマウンドに立って、たくさんのファンから称賛を浴びることにあこがれる、などです。

もし、たくさんのファンから称賛を浴びることにあこがれているのであれば、野球選手ではなくても、似た仕事を目指すことは可能です。

また、一致団結することにワクワクする人は、野球チームではなくてもよさそうです。

このように、昔なりたかった仕事を思い出して、そのときになぜそう思ったかまでを、思い出してみましょう。そうすれば、自分の価値観が見えてきます。

舞台俳優になりたかったJさんは、大勢の人の前に立って話す快感を味わったことがきっかけで、俳優になりたいと思ったそうです。その後、広告プランナーとして大手広告会社で活躍したあと、プレゼンテーションスキルを教えることのできる、マーケティングコンサルタントになりました。今では、1000人規模の会場で講演活動をしています。

Jさんの場合は、「その1：やりたいこと＝大勢の前でスピーチをすると快感を覚える」「その2：できること＝よいプレゼンテーションがどのようなものかわかる。マーケティングの知識もある」「その3：世の中の役に立つこと＝プレゼンテーションが苦手な会社員が多いため、Jさんのノウハウを使えば、プレゼンテーションが上手になる人が増えてマーケティングの知識も得られる」という結果でした。

このように、自分を見つめ直し、棚卸しをした結果、自分自身のぶれない芯を「マーケティングとプレゼンテーションを教えることのできるコンサルタント」と決めて各地で講演活動を行っています。

マーケティングだけを教えるコンサルタントや、プレゼンテーションスキルだけを教えるコンサルタントは多くいますが、マーケティングとプレゼンテーションスキルの両方を教えることのできるJさんは、競争相手がぐっと減ります。

時間を忘れて没頭できる、そのことを考えただけでワクワクする、関わることで至福を感じられる、そんな**自分が至福になれる瞬間や、好きなこと**は思い出せましたか？

それがどのようなことかを知ること。これが自分の棚卸しの原点となります。

どんなことでも大丈夫、そしてその至福のやりたいことは「あなたしか知らない、あなた自身」なのです。人と比べることに意味はありません。**自分しか知らない自分のオリジナルのスイッチが心の中にあるのです。**

たとえば、子どもの頃に大好きだった絵本はありませんか？　その絵本のストーリーを思い出してみてください。そのストーリーは今のあなたの、やりたい仕事と何か関連はないでしょうか？　もしよかったらその絵本をもう一度買って読み返してみると何かヒントがあるかもしれません。

音楽家のTさんは、もともと声楽家として音大を卒業後、オペラなどの舞台に出演したり、ピアノの先生として子どもたちにピアノを教えたりしていました。

その後、結婚して子育てしているとき、偶然に「クリスタルボウル」という水晶でできた珍しい楽器に出合いました。

音楽が好きで、音楽の楽しさを伝えたいと思っていたTさんは、クリスタルボウルのなんとも美しい、気持ちが癒やされる音色を多くの人に伝えたいと思いました。演奏することで、癒やされる人が増えれば世の中のためになりそう！　と直感的に思ったそうです。

そのクリスタルボウルを演奏している瞬間が至福のときだと言います。今、Tさんはクリスタルボウル演奏者として活動しながら、癒やしの音響コンサルタントとして音楽イベントなどに関わっています。

その2：できることの探し方

企業の課題は「ひと」「もの」「かね」とよく言われますが、企業が悩んでいることは主に「人やチームの課題」「お金の課題」「売る商品の課題」「営業活動の課題」などに分類されます。

そのような企業の課題に自分の経験をどのように活かせるかを考えることが、棚卸しのヒントになります。これを考えることが、できることにつながります。過去の経験の振り返りをすると、わかることがあります。

今までの経験から、自分の得意分野で、企業の課題の解決に関連する分野はないでしょうか？　たとえば、人やチームの問題についてならば、人事部にいた経験は役に立ちます。

チームリーダーとして部下を指導していた経験も役に立ちます。

人を元気にすることが好きだったり、部下の育成が上手だと言われたりした経験も役に立ちます。過去の経験で、すごいね、と褒められたことを振り返ってみてください。

または、**今までの仕事のキャリアで自分のいた業界では普通でも、他の業界に行くと特別だと言われるスキル**はないでしょうか?

コンサルタントのみなさんと、自分のスキルの棚卸しワークショップをするときには、ここを徹底的に深掘りします。みなさん、謙虚なので自分の良いところを自慢しないのですが、ご自身でも思わぬ発見があって、自己理解が深まるようです。自分のことは、自分が一番わからないのかもしれません。

その3:世の中の役に立つことの探し方

世の中には地球全体の課題もあれば、国全体の課題、地域の課題もあります。「人口減少」「少子高齢化」「生産年齢人口の減少」「都市部への人口集中」「インフラの老朽化」「気候変動による自然災害の増加」「大型地震の発生リスク」など、総務省や内閣府などのホームページには定期的に国の抱える課題についてのレポートが発表されています。

地球の課題に目を向けてみると、世界の平和のために、地球の環境のためにできることはいろいろとありそうです。地球全体まで視界を広げてみてから、自分の今いる状況まで意識を戻してみると見える世界が違ってきませんか?

この考え方をバックキャストと言います。**バックキャストとは、将来の目標を設定して、その目標に到達するために必要なステップを逆算する方法です。**まず、未来のある時点で達成したいことを具体的に想像します。

たとえば、中学生が「国際的に活躍できる仕事がしたい」と考える場合、それが目標になります。次に、その目標に到達するためにはどのようなスキルや知識が必要か、何を準備すべきかを考えます。

この場合は、国際的に活躍するには語学が必要だから英語を勉強すること、実際に英語で会話する練習をすることが考えられます。そして、それらを達成するための具体的な計画を立て、現在から逆算していきます。「1年以内に基本的な英文法をマスターする」「毎日15分間、英会話の練習をする」といった具体的な目標を設定します。

このように、バックキャストは夢や目標を実現するための具体的な道筋を示し、計画的に進める手助けをしてくれる方法なのです。

このバックキャストの考え方を元に、**どのような課題を解決したいのかを考えてみると、自分のできること、やりたいこと、世の中の役に立つこと、この3つのサークルの合わさった結果が出てくる**ことがおわかりいただけると思います。

たとえば、「少子高齢化社会」の課題にどうすれば自分が貢献できるか、ちょっと道のりが長いかもしれませんが、世の中のニーズがわかれば、自分がどのようなことで世の中の役に立てるのかのヒントになります。

ある村で少子高齢化によって、高齢者が買い物ができなくなっているという問題が起こっているとします。その課題を解決するために、ネット注文を代行するサービスを立ち上げる、などの案は地域で高齢者が買い物ができない課題を解決するための具体的なサービスと言えます。

どんなことでもかまいません。自分が世の中の役に立てることを、できるだけたくさん書いてみましょう。

このような考え方は未来志向の経営支援とも言います。ご自身がコンサルタントとして活動をスタートするときも、未来志向の経営支援やバックキャストの考え方を身につけておくと、実際の活動に役に立つこと間違いありません。まずは、自分自身の体験として、バックキャストと未来志向の経営支援を体験してみましょう。

その4：自分自身のぶれない芯の探し方

「やりたいこと」「できること」「世の中の役に立つこと」の3つの輪が重なる部分があなたの核の部分です。

参考までに、私の3つのサークルを書きました（図表14）。

みなさんも実際にノートに3つのサークルを書いて、そのなかに「やりたいこと」「できること」「世の中の役に立つこと」を書いてみてください。3つの輪の中に入る言葉をできるだけたくさん書き出せたら、その言葉を眺めてみてください。

何が見えてきますか？　過去の感情、過去の経験、過去に褒められたこと、すごいねと言われたこと、仕事で力を入れてきたこと、そして世の中の役に立てそうなこと。それら3つの輪の重なる部分に入る言葉・行動・感情にはどのようなものがあるでしょうか？

図表14

自分自身のぶれない芯の例

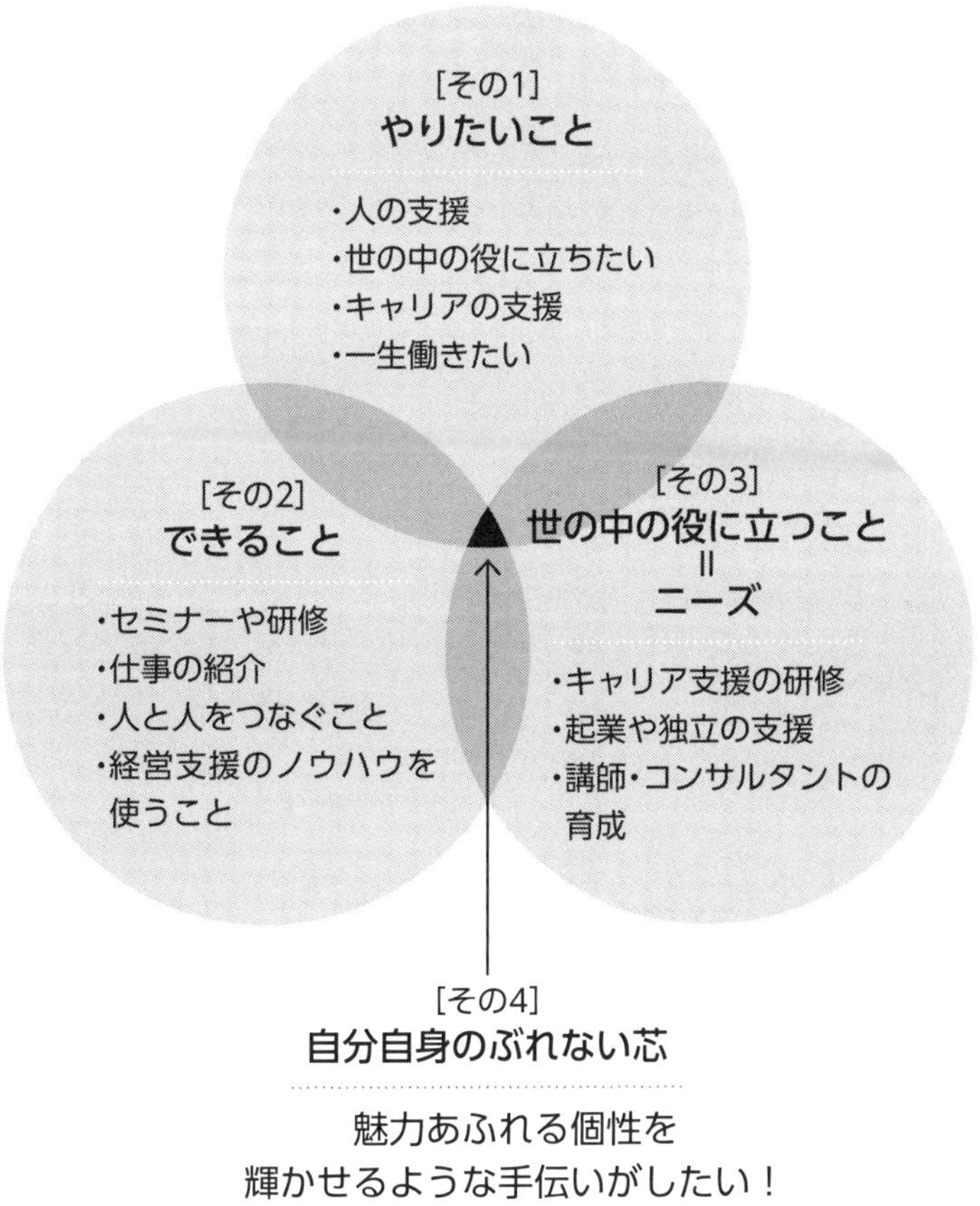

[その1]
やりたいこと
・人の支援
・世の中の役に立ちたい
・キャリアの支援
・一生働きたい
[その2]
できること
・セミナーや研修
・仕事の紹介
・人と人をつなぐこと
・経営支援のノウハウを使うこと
[その3]
世の中の役に立つこと
＝
ニーズ
・キャリア支援の研修
・起業や独立の支援
・講師・コンサルタントの育成
[その4]
自分自身のぶれない芯
魅力あふれる個性を
輝かせるような手伝いがしたい！

これがあなたのオリジナルコンテンツの源泉なのです。コンサルタントになりたいと思ったら「人の教育に興味がある」「会社の成長に興味がある」「チームの成長に興味がある」など、ご自身の興味の向く分野についても考えてみてください。これが、やりたいことと重なっていると、コンサルタントとしてのぶれない芯が明確になってきます。

このあとは、ソフィアコミュニケーションズが提供する棚卸しのツールを、いくつか紹介したいと思います。

■人生の価値観の図り方

人の価値観はそれぞれ、全員が違って当たり前です。みんなと一緒、普通でいい、は通用しません。あなたの普通は、他人の普通ではないのです。そこで、自分の価値観をもう一度見直してみましょう。ここでいう価値観とは自分が大事にしていることとも言い換えられます。

■価値観の図り方ワーク〈人生の重要項目9事項〉

価値観の図り方のワークを説明します。人はそれぞれに価値観が違います。人生にかか

図表15　価値観の図り方ワーク

STEP 1　人生の重要項目９事項

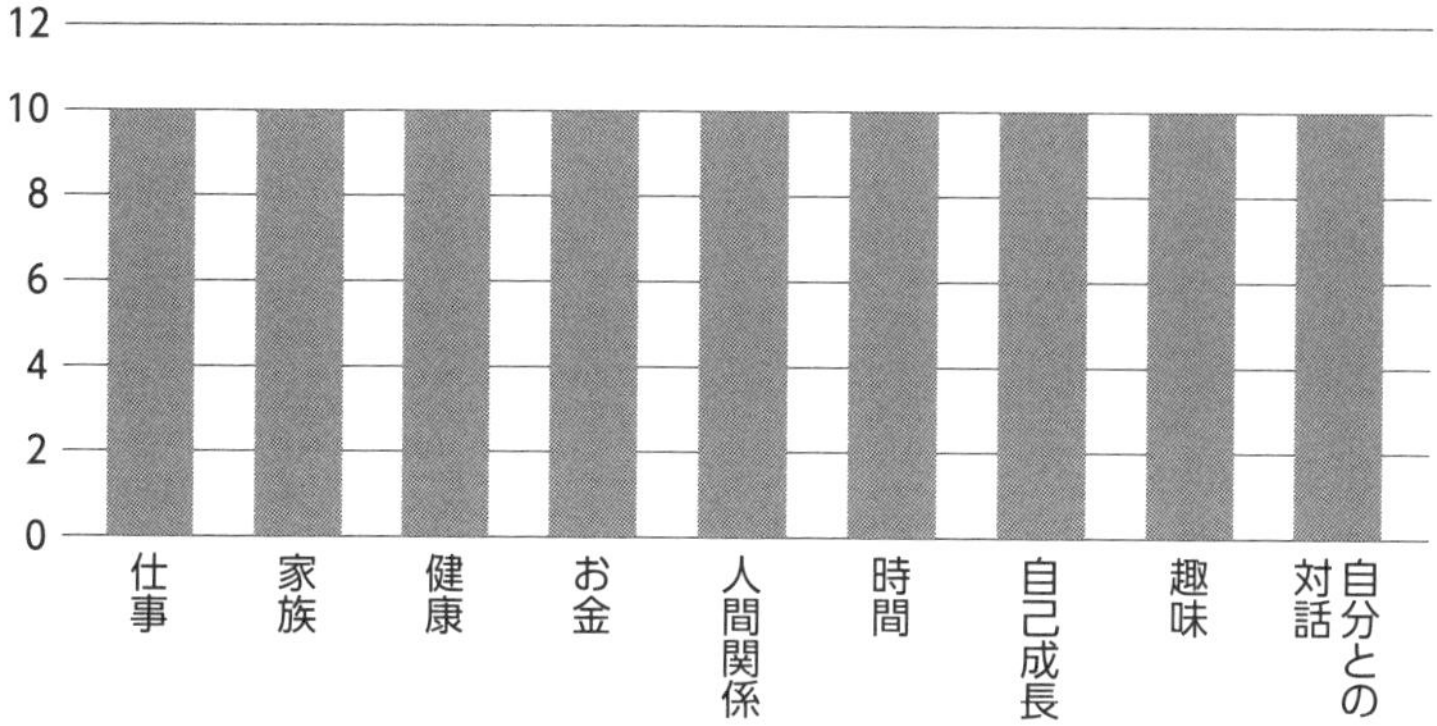

STEP 2、3　価値観を満たす方法

第一の価値観：(　　　　　　　　　　　　　　　　)

第一の価値観を充実させるために何をしますか？

第二の価値観：(　　　　　　　　　　　　　　　　)

第二の価値観を充実させるために何をしますか？

第三の価値観：(　　　　　　　　　　　　　　　　)

第三の価値観を充実させるために何をしますか？

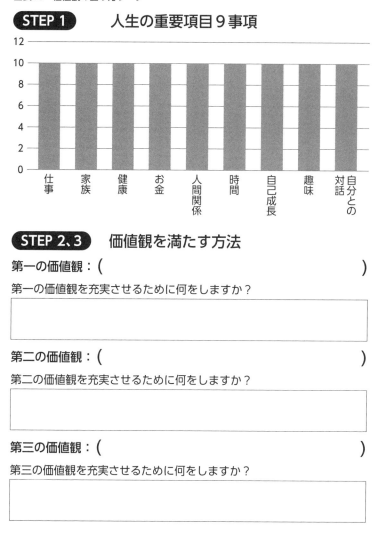

わる9つの項目を使って価値観を図りましょう（図表15）。

ＳＴＥＰ１：９つの項目に対する満足度を10段階で書き入れます。

ＳＴＥＰ２：ご自身にとって大切だと思う項目３つに○をつけます。

ＳＴＥＰ３：３つの項目を10点に近い数字にするためには何をすればよいか、考えます。

①仕事

仕事やキャリアへの満足度を表します。

現在の仕事の満足度はいかがでしょうか？

将来的に就きたい職業に向かってキャリアを育てていますか？

②家族

家族関係の満足度を表します。

家族（親子、夫婦、パートナー）との関係性は良好ですか？

家族との関係性を良好にするために、どのようなことをしていますか？

③健康
身体の健康と心の健康の状態への満足度を表します。
身体の健康を保つためにどのようなことをしていますか？
心の健康を保つためにどのようなことをしていますか？

④お金
お金に関する満足度を表します。
生活のためのお金は充分ですか？
自分が自由に使えるお金は充分ですか？

⑤人間関係
職場、学校、趣味を通じての友人などの人間関係を表します。
仕事や学校などおおやけの場での人間関係はいかがですか？
趣味やプライベートな友達などの人間関係はいかがですか？

⑥時間

時間に関する満足度を表します。
ワークライフバランスはとれていますか？
自分自身で時間をコントロールできていますか？

⑦自己成長
自己成長に対する満足度を表します。
自己成長ができている実感はありますか？
自己成長のためにどんなことができていますか？

⑧趣味
趣味に対する満足度を表します。
心から楽しめる趣味をもっていますか？
趣味を充分に楽しめていますか？

⑨自分との対話
自分自身と向き合えているかの満足度を表します。

図表16

100個の価値観

1 自己成長
2 家族との絆
3 健康
4 真実を求めること
5 創造性
6 人生のバランス
7 自己実現
8 知識の獲得
9 人との関係
10 愛
11 幸福
12 内面の平和
13 責任
14 勇気
15 謙虚
16 尊敬
17 忍耐
18 慈悲
19 礼儀正しさ
20 信頼
21 正直
22 未来への投資
23 柔軟性
24 優しさ
25 献身
26 勤勉
27 公正
28 寛容
29 自由
30 許し
31 積極性
32 感謝
33 思いやり
34 協力
35 信念
36 野心
37 成功
38 自立
39 自己受容
40 冒険
41 挑戦
42 持続可能性
43 平等
44 多様性
45 創造的な解決策
46 コミュニケーション
47 経験
48 健全なライフスタイル
49 精神的な成長
50 リーダーシップ
51 教育
52 専門性
53 効率
54 効果性
55 質
56 美
57 芸術と文化
58 歴史への敬意
59 伝統の保持
60 革新
61 技術への適応
62 自然への愛
63 環境保護
64 社会貢献
65 ボランティア
66 平和
67 セキュリティ
68 安全
69 快適な生活環境
70 豊かさ
71 経済的自立
72 知的な挑戦
73 発見
74 世代間の絆
75 自己啓発
76 持続可能な発展
77 スピリチュアリティ
78 宗教的信念
79 希望
80 夢
81 コミュニティへの所属
82 生涯学習
83 人生の質
84 人生の楽しみ
85 遊び心
86 ユーモア
87 楽観性
88 情熱
89 エネルギー
90 活力
91 慎重さ
92 決断力
93 時間管理
94 心の健康
95 自然とのつながり
96 自己効力感
97 人生のシンプルさ
98 清潔さ
99 整頓
100 精神的な平穏

自分の心（気持ちや感情）を大切にしていますか？

自分の人生を主体的に生きていますか？

■価値観の図り方ワーク〈価値観集め〉
１００個の価値観を集めてみました（図表16）。ピンとくる言葉に○をつけてください。それを周りの人とシェアしてみましょう。多様な価値観があることに気がつきます。

デビュー前にすること3つ目：一歩前進する

ワークを通じて自分の芯が明確になったら、それを元に自分のライフワークを探しましょう。ライフワークが明確になれば、行動がしやすくなります。

見つからなくても心配はご無用です。自分の得意なこととやりたいことさえ見つかれば、その情報を元にまずはコンサルタントとして一歩前進しましょう。

名刺、チラシ、プロフィールの３つを手にして、まずは友達に会ってみる。交流会に出てみる。勉強会に参加してみる。そのような小さな一歩から始めましょう。

勉強会や交流会で会った人には名刺をお渡しして、自分のできることを一言で表現します。前進して、壁打ちをして、見直しをする。そのような繰り返しが必要です。

失敗を恐れず、まずはやってみる

①やりたいこと、②できること、③世の中の役に立てることの3つの輪を考えていただき、④自分のぶれない芯が見つかったでしょうか？
これから自分の進むべき道が見えてきたと思いますので、次はトライ&エラーを経験してみましょう。失敗なんてしたくない！　と思っているみなさん、失敗は必ずします。失敗のない成功はありません。

失敗から立ち直ることを経験できるのもチャンスの1つなのです。失敗は終わりではありません。次のチャンスへのステップです。

失敗なんて怖くない。まずはやってみましょう。小さくトライアルして、小さく失敗すればいいのです。小さな失敗を重ねることで回復力がつきます。小さな失敗で練習をして、回復する力を強化しましょう。

失敗したときは、とても落ち込む出来事だったとしても、思い返せば笑い話になるときがきます。失敗をおそれず、「なぜ失敗したのか」と考えるよりも「次に失敗しないためにどうするか」を考えましょう。

また、**失敗したときはどのようにリカバリーするかが重要です。経験から学ぶ良い機会だと捉えてください。**

壁打ちをしてニッチな強みを探す

まずは、行動するときに小さく壁打ちをしてみることをお勧めします。家族や友達に言えないのであれば、小さくトライアルできる場所に行ってやってみましょう。

世の中には交流会と呼ばれる会がたくさんあります。まずは、そのようなビジネス交流会に参加して、**試しに作った名刺やチラシを出して、「何かお役に立てることがあれば嬉しいです」と言ってみましょう。**それが壁打ちの第一歩です。

完璧でなくても大丈夫！　やってみることが大事です。この「何かお役に立てることがあれば嬉しいです」の声掛けを１００回やってみましょう。１００回！　と驚かなくても大丈夫です。交流会に行くと30人とは名刺交換できるはずです。その中の20人とお話しできたとして、それを5回繰り返せば１００回です。

これを繰り返すことで、自分の強みが何か、自分のどこがニッチなのかがわかってきます。自分で自分のことを分析するのは、限界があります。上手に人の感想や意見を参考にして、自己分析をしましょう。

提供するサービスを見直してみる

自分の名刺、チラシ、プロフィールができて１００回の壁打ちをしたら、その結果を検証します。「お役に立てることがあれば嬉しいです」の声掛けをして、**実際に「お役に立てたこと」「お役に立てなかったこと」を書き出します。**

それが、**自分の思ってもみなかった才能が見える瞬間です。**自分では普通だと思っていたことが、意外に他人から評価された。そんな事例が出てきませんか？

人を支援することが大好きで、人が変わっていく様子を見るのが好きなUさんは、コンサルタントをしながら、結婚相談所のフランチャイズの事業を始めました。

Uさんは、結婚相談所のビジネスを最初は楽しみながらやっていました。しかし、結婚相談所は一人ひとりに向き合って支援する時間が長く、その時間のわりには思ったように売り上げが上がらない時間を過ごしていました。

今、Uさんは事業モデルの見直しをしています。

このようにして、事業の柱を作るためにやってみて考える、繰り返しの時間が大事になります。コンサルタントデビューする前に思い描いていたビジネスモデルと同じ路線を走れる人は、ほんのわずかです。見直して、事業の柱を作っていくことが、デビュー前に最も必要なことなのです。

迷うのは当たり前、迷って悩んで、その後の自分の専門性が出来上がってきます。まさに点と点をつないで線にする作業がこの時期なのです。

ニッチなコンサルタントはあらゆるところで活躍できる

コンサルタントと名前のついた仕事はあらゆるところに存在します。決して経営コンサルタントだけがコンサルタントではありません。

ＩＴコンサルタント、ワークライフバランスコンサルタント、人事コンサルタント、経営戦略コンサルタント、業務効率化コンサルタント、ハラスメント防止コンサルタントなど、ほかにもさまざまなコンサルタントが存在します。

自分が何の専門家なのか見極めたらそれを表現する肩書を○○コンサルタントとつけるといいでしょう。この本の中でも実践ワークをしていただいたように「やりたいこと」「できること」「世の中の役に立つこと」、この３つの重なった部分を探すことが必要なのです。

世の中の役に立つことを、もう少し別の言い方で表現すると、世の中の人が困っていることに対する解決方法の提案とも言えます。

たとえば、副業解禁になってどのような副業をしたらよいかわからないと悩んでいる人が多い現代では、副業に関するさまざまなニーズがあります。

個人に対して副業の成功法則を伝えるとともに、企業に対しては従業員に副業を解禁するときのアドバイスができるコンサルタントもいます。常に新しい世の中の課題を見つめることでヒントがあるかもしれません。

Kさんの事例をご紹介します。Kさんは、一部上場企業の印刷会社に勤めるサラリーマンとして、営業部門と海外の子会社との連携の仕事をしてきました。このようなKさんの経歴からすると、次のようなコンサルタントとして活躍できる可能性があります。

■営業コンサルタント

営業戦略の立案や、営業スキルのトレーニングなど、営業部門のパフォーマンス向上を支援するコンサルタントとして活動できる可能性があります。

Kさんの営業経験が、他の企業の営業力強化に役立ちます。今までの経験を振り返るとともに、営業コンサルタントとして提供できるノウハウをさらに勉強するといいでしょう。

私がアドバイスするのであれば、営業コンサルのメニューとして、「若手営業マンの育成支援プロジェクト」「営業戦略見える化作戦」などのわかりやすいメニューを作ることを勧めます。

■国際ビジネスコンサルタント

海外子会社との連携経験を活かし、国際ビジネス展開を目指す企業に対して、市場進出戦略、文化的課題の克服、現地の法規などに関するアドバイスを提供します。

海外進出の支援をする会社も多くありますので、そのような会社とアライアンスを組むのもいいでしょう。

特定の国に詳しい場合には、その国への進出支援を行っている会社をリスト化して、その会社と合同セミナーを開催すると効率よくお客様との接点が持てることになります。

■経営戦略コンサルタント

経営全般にわたる戦略立案や事業改善、リスク管理など、企業の経営層をサポートするコンサルタントです。特に海外事業との連携を考える企業にとってどのような価値が提供できるのか、ご自身のノウハウをまとめておきましょう。

■印刷業界専門のコンサルタント

印刷業界の深い知識を活かし、デジタル化の進展、環境への配慮や持続可能性、業務効率化など、現代の課題に対応するための戦略を印刷企業に提供するコンサルタントです。

印刷業界は、特に環境配慮の取り組みを求められている業界でもあります。環境配慮の最先端の情報を勉強し、Kさんは印刷会社にいたので、過去の経験にプラスして伝えると、経験が生きるコンサルティングができます。

このようにして**自分の経験を棚卸しして、新しい知識を入れて世の中の役に立つ情報を提供することでコンサルタントとして活躍できる**ようになるのです。今までの経験を振り返って、点と点を結んで線にすることで自分の軸が見えてきます。

1人で考えていても、なかなか良い案が思い浮かばないと思いますので、まずは壁打ちをしてみましょう。

次のページに、コンサルタントとしてデビューするまでに準備することのチェックリストを載せました(図表17)。このチェックリストの項目ができているかチェックする意味でも、まわりの方に聞いてみて意見をもらう、という壁打ちを多くすることをお勧めします。

壁打ちは何度でもできます。コンサルタント仲間との意見交換でもいいですし、交流会

図表17

コンサルタントデビューまでに準備することチェックリスト

項目	備考
□ 屋号または会社名の決定	商標チェックも必須
□ ロゴの作成	簡易的なものでもOK
□ プロフィール写真の撮影	上半身バストアップ、信頼感、安心感を出す
□ コンサルタントメニューの作成	ニッチな部分でナンバーワンになっているか確認
□ 名刺の作成	名前、連絡先、自分が提供できる「価値」を書く
□ チラシの作成	名前、連絡先、キャッチコピーは必須
□ プロフィールの作成	写真は必須、実績も書く

で出会った人に自分の仕事を説明してみるのもいいでしょう。

ここでの壁打ちは、質よりも量です。なるべく多くの方に意見を聞いて、ニッチな強みを探しましょう。チラシや名刺、プロフィールを何度も改訂して、進化させてください。

実際に壁打ちをしてみて、お客様から依頼をいただいた、アライアンスが決まったなどの声もあがっています。コンサルタントとしてスタートしたばかりの方が、思い切って30人の前で20分のプレゼンテーションをして、お客様が2人決まったという事例もありました。

何度も壁打ちをすることによって、発言内容に自信がついてきますし、何よりお客様からご依頼をいただくという実績が自信につながります。

チラシを作るたびに、新しい気づきがあり、チラシや名刺がバージョンアップするたびに、自分の提供するコンサルティングサービスの質が向上します。

中小企業の経理マンが見つけた、ニッチ副業

R・Sさんは、大学卒業後、医療系機器メーカーの経理部門に配属されて、それ以来、経理一筋で仕事をしてきました。R・Sさんの勤める会社が中小企業ということもあって、給料も大手ほど上がらず、大学時代の同級生の活躍を聞くたびに「このままでいいのかなぁ」と不安になっていたそうです。

副業解禁の時代になって、試しに経理代行の副業を友達の会社で始めました。ところが、大失敗。経理部が忙しいタイミングは、どの会社も同じです。忙しい時期が重なり、R・Sさんは過労で身体をこわしてしまいました。

友人には、お詫びをしてほかの人を雇ってもらい、もう一度働き方を見直しました。そして、会社でやっていること以外の仕事で副業を探すことにしました。

そこで思いついたのが、経理代行ではなく、経理部門の若手に経理の基礎を教えるという副業です。そして「経理部門の若手育成」という副業にシフトしました。

R・Sさんは、学生時代に塾の先生をしていたことから、教えることが好きで、塾からも上手な教え方をならっていたので、ニッチな強みがそこにあったと言います。

作業代行だと、自分の時間の切り売りになりますが、教える仕事は時間の調整がききます。そして、若手の経理マンがわからないことがあったときにサポートすれば、若手経理マンも安心して仕事ができます。

これはR・Sさんが、中小企業の経理部門にいたからこそできるニッチな強みです。中小企業と大企業では、経理といっても仕事の内容がずいぶん違います。

今、手伝っている会社は、経理といっても総務、経理、人事をまとめて3人で行っているような小さな会社です。このような小さな会社は、スキルの高い経理マンを雇う機会が少なく、人手不足で困っています。とはいえ、経験のない人を雇って経理マンとして育てることも難しいのが実情です。

繁忙期以外のタイミングで、仕事が終わったあとに勉強会をしています。そこで、手伝っている会社の経理マンを育てることがたのしいと、R・Sさんは言います。

教えている若手経理マンの心理面もサポートすることができていて、充実した副業ライフを送れているそうです。

手伝いを依頼している会社の部長からも、経理部門の若手のサポートをしてもらって助かっていると評価をもらっています。

第3章

コンサルタントデビューから1年間にすること

まず最初にクライアントに聞くこと

「有料でお客様を初めて担当したとき」、それがコンサルタントとしてのデビューです。金額の高い低いは関係ありません。1円でもお金をいただいた瞬間から、そのお客様のために自分のできることを精一杯すればいいのです。

目の前のお客様に一生懸命になること、これがコンサルタントとしてのデビューであり、プロとしてのスタートなのです。

コンサルタントは、目の前のお客様の成功が自分の成功です。お客様が喜べば自分も喜び、お客様が悩めば一緒に悩んで考える。それが、伴走支援のできるコンサルタントだと私は思います。

初めてのお客様に対しては、スキルが足りないかもしれません。その分、何をすれば役に立てるかを考えて目の前のお客様に一生懸命になってください。

お客様からの満足が評価のすべてです。お客様の満足ではなく、自己満足になってしまうと良くありません。

あくまでもお客様が満足してくださり、相手が価値を感じてくれたときに、ご自身のコンサルタントの価値が出るのです。

コンサルタントには基本的にクライアントとの毎月定例のミーティングを行っていただきます。プラスして、必要に応じて現地に視察に行くなどして、お客様の課題に向き合います。場合によっては、クライアント企業のお客様に同行営業することもあります。

まずは、事前のヒアリングでお客様の理想の姿と現状を聞き、何をすれば理想の姿に近づけるかを考えます。そして、コンサルタントができることを提示し、その結果に向かって伴走支援をします。

お客様への事前ヒアリングで聞くのはこのような質問です。

・現状困っているのはどんなことか
・理想はどのようなものか
・その理想が現実になったときはどのような気持ちになるか

・その理想と比較して現状はどのようになっているか
・どこをどのように改善すればいいと見立てているか
・改善策を実行するために難しいことは何か
・毎月のミーティングで定点観測する項目は何か

事前ヒアリングができたら、1年後の会社の姿をすり合わせ、そこに向かって伴走します。そのときに、会社の組織図と事業計画があれば共有してもらいます。できれば決算書3期分も見せてもらいましょう。

営業支援のコンサルティングの場合は、営業部門の担当者と経営陣とで毎月営業進捗リストを確認します。営業進捗リストを元に、ミーティングを行います。

人事コンサルタントの場合は、各事業部の担当者から評価を上げてもらい、組織人事についてミーティングをします。

経営コンサルタントの場合は、各事業部からの数字と進捗の報告を上げてもらい、経営面からの進捗管理を行います。

経営者のブレストに付き合うことが定例ミーティングのルーティンになります。

コンサルの依頼を受けるために必要なこと5項目

コンサルタントとして依頼を受けるために必要な5項目をご紹介します。

①クイックレスポンス

メールでの返事は24時間以内というルールはビジネスマンの常識だと思いますが、それを知らない人もいます。

自分のマネジメントは自分でしなければなりません。それがコンサルタントの仕事の基本です。

仕事ができる人ほど返事が早いです。会社員として働いていると、返事をしなくても「これはどうなってますか?」とデスクまで来て質問を受けられたかもしれません。

また、部下をお持ちだった場合、返事は部下がしてくれていたかもしれません。コンサルタントとしてデビューしたら、自分のことは自分でしなければなりません。メールや電話、その他最近ではさまざまな通信手段があります。ＬＩＮＥにメッセンジャー、チャットツールなどです。

自分が使うツールをお客様に使ってもらうのではなく、自分がお客様の使うツールに合わせる必要があります。今、私が使っているツールは、メッセンジャー、LINE、Slack、Chatwork、WhatsApp、WeChatです。

お客様が5〜6社ですとここまで多くならないかもしれませんが、少なくともメールは24時間以内に返信しましょう。

数多くいるコンサルタントから選ばれるためには、お客様の立場から考えて連絡が取りやすいこと、返事が早いことはコンサルタントの実力以外でも大事なことなのです。もちろん、メールの文章もわかりやすく簡潔にすることが鉄則です。

②機密保持契約と契約書、個人情報の取り扱い

コンサルタントとして依頼を受ける前に整えておきたい重要な契約が機密保持契約です。お客様の情報を守るためにも、やりとりが始まる前に、機密保持契約書を交わしましょう。

そして、取り引きが始まる前には必ず契約書を取り交わしましょう。順番としては、お客様と込み入った話をする前に機密保持契約を結び、取り引きが始まる前に契約の締結をします。

個人情報保護についても同様です。個人情報とは、個人を識別することができる情報の

ことを指します。これには、名前、住所、電話番号、メールアドレス、生年月日などが含まれますが、それだけではなく、個人の趣味、購入履歴、インターネット上の行動記録など、個人を特定できるあらゆる情報が含まれます。

個人情報が不正に利用されると、プライバシーの侵害、詐欺などの重大な問題が発生する可能性がありますので、個人情報を適切に保護することは非常に重要です。

個人情報を適切に扱うことを契約書に明記しておくことは、お客様から信頼を得ることにつながります。

コンサルタントとして独立する人は、この契約書に悩むことが多いです。非常に大事なポイントです。私が主催しているコンサルタント養成講座では、契約書のひな型も参考資料として提供しています。

もし、弁護士に頼むのはハードルが高ければ、ネット検索でもひな型がでてきますので上手に活用してください。

③専門分野の情報発信

ご自身の専門性が定まったら、ぜひ情報発信をしてください。今は無料で情報発信がいくらでもできる時代です。ブログを書く、ＳＮＳで発信する、動画で発信する、セミナーを開催する、などできることはいくらでもあります。

ニッチな部分でナンバーワンであれば、情報発信する内容に価値がでます。情報発信こそがコンサルタントとして依頼を受ける一番の近道なのです。特に、セミナー開催はお勧めです。

たとえば、自分が介護福祉分野に精通しているコンサルタントである場合は、介護福祉業界の会社にタイアップセミナーを持ち掛けることをお勧めします。

大手企業は、たいがいセミナーを多く開催していますので、お互いに集客をして、一緒にセミナーをやりましょう、と持ち掛けると話を聞いてくれる担当者もいます。

運がよければ、合同開催でセミナーができますし、その会社と一緒にセミナーを実施したという事実はコンサルタントの実績となります。

そのほか、交流会で1分スピーチをさせてもらうのもいいでしょう。1分スピーチの際には、自分が何者で、どんなサービスを提供できて、話を聞いている人にどのように動いてほしいかまでしっかりと伝えましょう。たかが1分、されど1分です。決して、自分の趣味や出身地の話だけで1分間を終わらせないでください。

ポイントは、聞いている人にどのように動いてほしいかです。お客様を紹介してほしいのか、自分の商品を使ってほしいのか、無料体験を受けてほしいのか、具体的にどうしてほしいのかをしっかりと伝えてください。「何かありましたらどうぞよろしくお願いします」だと何も起こりません。

④何かお役に立てることありますか精神

会社員のときとは違って、指示を待つ、指示を受けたことを的確に行うだけの仕事は、コンサルタントの仕事ではありません。

指示を受けることがあったらプラスαで何かできることがないか考えましょう。言われたことをやって報告するだけなら、誰でもできます。

プラスαで何か役に立てることがないか考える、考えてわからなければ聞いてみる。聞いてもわからなければ、事例を学ぶ。このように常に何か役に立てることがないか、と考える思考回路が必要です。

何か役に立てることがないかと考えることは、自分の「できること」を深掘りするチャンスです。自分の持っている、当たり前だと思っていたノウハウやスキルが役に立つと感じることができるはずです。

⑤言い訳なしの自己責任

コンサルタントとして独立するということは、事業主として主体的に仕事をすることにつながります。主体的に仕事をすることとは、自ら積極的に問題を発見し、解決策を提案し、クライアントと相談のうえ実行することです。

単に能動的に行動すること以上に重要なのは、クライアントの未来を見つめ、その成功を自らの手を動かして手伝うことなのです。

口だけのコンサルタントは長続きしません。お客様と一緒になって考え、行動し、自己責任で物事に対処すること。これが非常に重要な要素です。

単なるアドバイザーではなく、クライアントのビジネスにとって不可欠なパートナーとなることが大事です。

このように能動的な働き方をすると、コンサルタントとしての満足感や達成感が出てきます。**この自己責任の考えを持つことがプロのコンサルタントとしての成功につながるのです。**

あなたならどれ？ コンサルのスタイルのいろいろ

さて、専門分野が明確になり、自分の提供するサービスが決まり、お客様が1社、2社と決まっていくと、次の壁がきます。

時間の壁と事業の壁です。自分ひとりで気楽なコンサルタントをする、と決めている場合は、人を雇う機会はこないかもしれません。

でも自分の時間は1日24時間。それ以上にキャパシティは増えません。特に丁寧に仕事をすればするほど時間が足りなくなります。

時間効率を考えて、アシスタントを雇うと、そのアシスタントへの連絡の時間、連携の時間にけっこうな時間を取られてしまいます。そして、アシスタントの給料分も売り上げを上げ続けなければなりません。

現役コンサルタントの事例をいくつかご紹介しますので、ご自身が希望するコンサルティングスタイルがどのモデルに近いか、検討してみていただけたらと思います。

趣味と実益を兼ねた充実ライフを送る

Dさんは、食品業界の流通に長く関わってきました。食品業界に商品を売りたい企業や、食品業界に異業種から参入したい企業がDさんのお客様です。

Dさんは顧問先の会社は10社までと上限を決めています。月に1回の社長面談をおこなって営業支援をしています。

あとの10日間は営業と情報収集のための時間です。交流会に参加して顧問先企業の取り引き先になりそうな会社がないか探します。また、交流会で出会った人と面談をして、情報交換をしたり、顧問先企業につないだりしています。

月の30日のうち、残りの10日は趣味の時間と休息の時間です。Dさんの目下の趣味は孫と遊んだり、一緒に食べ歩きをしたりすること。孫と一緒にいることが楽しいし、かわいくて、かわいくて、と言います。

孫と一緒に、顧問先企業の食品メーカーの展示会に遊びに行ったり、食品メーカーの店に行ったりもするそうです。

まさに、趣味と実益を兼ねた行動。これも会社員ではなくフリーのコンサルタントとして活動しているからこそできることなのです。

Dさんは年金ももらいながら、自分の時間を業界の発展のために使っています。ワークライフバランスもとれていて、今までの仕事人生のなかで、今が一番充実していて幸せなのだそうです。

運転手と秘書とのチームで効率的に動く

Yさんは、80代で現役バリバリコンサルタントです。1日に会う方は20人以上、手帳にはアポイントメントがびっしり書いてあります。

これだけのアポイントメント数をこなすためには、電車で移動していたら間に合いません。Yさんはコンサルタントデビューしてからずっと、運転手付きの車で移動してハードスケジュールをこなしています。

そして、Yさんには有能な秘書も1名ついています。Yさんと運転手、そして秘書の3人のチームで、Yさんはハードスケジュールをこなし、顧問先を回って支援をしています。

Yさんの提供するコンサルティングメニューは「営業支援コンサルタント」「新人営業マ

ンの教育を兼ねた同行訪問」「営業進捗ミーティングへの参画」「営業部長への支援」「人事周りの相談」「社長とのマンツーマンでの経営相談」など多岐にわたっています。

顧問先に合わせた内容を提供するうちに、できることが増えていったそうです。コンサルティングを数多く行うことによって実績と経験が積み重なっています。

すべてYさんがやってきたことをメニューにしてあるのです。Yさんは、コンサルタントになってから30年以上のベテランコンサルタントです。ですから、ご自身のメニューも明確で、実績も充分にあります。そしてそれらのリソースをフルに活用するために、チームで働いて時間を効率的に使っています。

カフェのオーナー兼コンサルで経営センスを磨く

コンサルタントとしての経験は、経営センスを身につけることにもつながります。

経営のスキルを身につけなければ、コンサルタントにはなれません。それが身につくと、ご自身で事業を推進してみたいと考えるコンサルタントも多くいらっしゃいます。

Oさんは、外資系コンサルティング会社を経て、経営コンサルタントとして活躍していました。ですが、あるとき、駅前にスペースがあるから地元の方に愛されるようなカフェをやってみないか？　と声をかけられました。

Oさんのキャッチコピーは「カフェのオーナーで、ときどき経営コンサルタント」です。経営コンサルタントにとって実業の経験があることはプラスになります。ましてや現在進行形で経営をしているとなると、「実際のところはどうなんですか？」といった話もしやすいですし、地に足のついたアドバイスができます。

Oさんの元には、人事系コンサルティングの相談や経営コンサルティングの相談ももちろん来ますが、飲食店オーナーからの相談も多く寄せられるそうです。

カフェでは従業員を10名ほど抱えており、そのチームの中にはコンサルタント見習いとして手伝いをする人もいれば、カフェスタッフとしてお客様対応をするスタッフもいます。

現在、Oさんは、小学生の娘さん2人と奥様との4人暮らし。子育てに向き合い、カフェのオーナーをしながら、経営者の相談に乗っています。Oさんに相談したい場合はOさんのカフェに行けば会えることから、コンサルタントに相談ができるカフェとして有名になり、カフェのお客様からの紹介でお仕事が来ることが多いそうです。

マネジメント会社に登録するという方法

デビューして、お客様がまだ少ない人、実績が得られていない人はこのパターンからスタートするといいかもしれません。

コンサルタントのマネジメント会社はいくつかあります。前出したクラウドワークスもコンサルタント派遣をやっています。登録の際に面談があるようでしたらぜひ受けてみてください。先方がどのような人物を求めているか、自分がどのくらいのスキルがあるのかがわかります。

Wさんは、大手人材派遣会社のコンサルタント派遣サービスに登録していました。そこで、月に3社ほど新規のお客様を紹介されていたそうです。その中から、お互いのニーズがマッチするところを担当していくことになるのですが、コンサルタントの業務を行ううえでとても勉強になったと言います。

自分の時間配分のペースをつかむためにも、数社担当しておいてよかったとおっしゃっていました。

現在、Wさんは、友人から紹介されたコンサル先の企業に顧問として関わったのちに、社外取締役として、Wさんの得意分野である、企業の価値を上げる活動をしています。Wさんは、もともと証券会社にいたので、企業の価値を上げるスキルをもっており、そのスキルを今の会社で充分に活かしています。

このように、**コンサルタントとして関わってから、会社に役員として入ったり、社外取締役や顧問として誘いを受けたりすることも頻繁にあります。**目の前のお客様に向き合い、一緒に汗をかくことによってこのような未来が待っているかもしれません。

自分の価値観と仕事がずれていたら

いずれも成功事例を上げましたが、成功かどうかはその人本人にしかわかりません。以前のように稼げていなくても、ワークライフバランスが充実していて、仕事のやりがいも得られている人。社外取締役として、以前よりも高い収入を得ながら、会社のために貢献している人。

それぞれの成功は、その人によって違います。ここでも、自分の求める価値観と、今の仕事が合っているかの確認とすり合わせが大切になります。

自分の価値観と今の仕事がずれているな、と感じたら方向転換をしましょう。よく私たちコンサルタントチームはそのことを「ピボットする」と言います。「ピボット」の語源は、フランス語の「pivot」です。これは「回転軸」や「軸」を意味します。

ビジネスや戦略の文脈で「ピボット」という言葉が使われるようになったのは、この「中心点を保ちつつ方向を変える」概念が、事業戦略の変更や新しい方向への転換に当てはまると考えられたからです。

事業のピボットは、基本的なビジョンや目標は変わらないものの、その達成のためのアプローチや方法を大きく変えることを指します。コンサルタントが自分の事業をピボットするのは、自分の仕事のやり方や専門分野を大きく変えることです。

たとえば、最初は企業に経営のアドバイスをしていたコンサルタントが、市場のニーズや自分の興味に合わせて、今度はＩＴや環境問題に関する専門家になることがピボットです。

これは、より多くのお客さんに役立つため、または新しい市場で成功するために、自分の強みや専門分野を変えることを意味します。

ピボットする理由はさまざまです。市場が変わって、今までの専門知識が求められなくなるかもしれません。または、自分がもっと情熱を感じる別の分野が見つかるかもしれません。

ピボットとは、コンサルタントが常に時代の変化に適応し、新しい知識や技能を身につけることで、常に最前線で活躍できるようにするための重要な手段なのです。

つまり、コンサルタントが事業をピボットすることとは、新しいチャンスを探求し、より多くの人々に価値を提供するための方法なのです。

最初に立てた計画通りに進まなくても大丈夫です。結果として、「自分のやりたいこと」「自分のできること」「世の中の役に立つこと」の3つの輪の中に入っているサービスを提供し、それで自分が幸せに感じることができれば成功なのです。

事業の柱は3つ立てよう

さて、方向転換の話をしたついでに、もう1つ事業の柱を増やすことも説明しておきましょう。

私たちが創業しようとする人にお勧めしているのは、事業の柱を大きく3つ立てましょうということです。これには、リスク分散、多様な収入源を得られる、幅広い市場への対応が可能になるメリットがあります。

3つの事業に関連性がない場合は、管理の複雑さが生まれ、資源の分散が発生し、方向性がぶれるリスクが生まれます。3つの事業の柱を持つことは、安定と多様性をもたらす反面、管理や方向性を維持するうえでの課題も生じます。

ですから、これら3つの事業が相互に関連しているか、あるいは企業の全体戦略に沿った形で展開されることが理想とされています。

それぞれの事業の柱が企業の全体的な強みや戦略に合致していることが必要となります

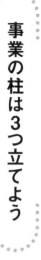

が、現代のように速いスピードで事業が動く時代には3つの柱を持っておく作戦はアリだと考えています。

コンサルタントとしてデビューしたばかりの人にも、自分の事業の柱を3つ考えておくことをお勧めしています。

たとえば、新しい知識を習得して、環境コンサルタントなど他の専門分野ももう1つ持っておくと、コンサルタントとしての幅が広がります。

Oさんのように「カフェのオーナーで、ときどき経営コンサルタント」といった2つの顔を持っておくと仕事の幅も広がりますし、リスクの分散にもなります。3つでなくてもいいので、関連する柱を複数持っておくと安心材料になります。

コンサルタントは比較的副業としてやりやすい仕事です。会社員の人も副業が許されるのであれば、早いうちからコンサルタントとして稼ぐ準備をしておくと、事業の柱を立てるときに、やりやすいでしょう。

自力で稼ぐための4つの営業作戦

会社員として仕事をしていたころは、自分で営業しなくても、社内の営業部がとってきた仕事をしていればよかったかもしれません。たとえて言うなら、ベルトコンベアーに乗ってきた業務を淡々とこなしていくようなイメージです。

しかし、現実の世界では、会社の看板もなく、自分の力で営業することが求められています。

みなさんが自分で稼げるコンサルタントになるためにどのように営業しているのか、いくつか紹介してみましょう。

■青田買い作戦

若手の方々が立ち上げた会社を自分の得意分野の範疇でボランティアで手伝います。その後、定期的訪問で結果が見え出したら、定期コンサル料を出してもらえるような交渉をします。

手伝う内容は、自分の得意分野でできること、がポイントです。自分のできることであれば、負担なく業務を担えるからという理由と、慣れているので苦もなくできるという理由からです。

■フルコミッション作戦

たとえば、商品が売れたら売り上げの何パーセントかを受け取れるような契約をして、フルコミッションで手伝います。自分の得意分野の商品であれば、売りやすいですし、ノルマもなく、売れたぶんだけコミッションをいただける気楽なコンサルタント手法です。

■上場期待作戦

もしかしたら、この会社は上場するかもしれない！　と思う会社に対して、株式を取得して上場を支援します。上場したらラッキーです。上場益でリターンが得られます。

■恩を売る作戦

小さな会社はコンサル料を払う余裕がないところも多いです。そのような場合は、会社が大きくなったらコンサル料をもらうように約束をして数年間、無償でコンサルティングを実施します。業績が上がってきたら、コンサル料を払ってもらいます。

自分で自分を売るのはハードルが高いですが、まずはこれらの方法を使って1件目のお客様を取りましょう。

個人事業主になるときに必要な手続き

さて、副業で始めた人もコンサルタントとして活躍し続けると、収入が増えてきます。そうなると、個人事業主として開業をすることが必要になってきます。

年間で20万円以上の所得があると確定申告の義務が発生します。年間20万円は売り上げではなく所得です。

所得とは売り上げから必要経費を差し引いた金額のことを言います。

多くの人が、サラリーマンから個人事業主になるときに戸惑うポイントがありますので、ここで少し解説しておきましょう。

個人事業主とは一言で言えば、自分自身がビジネスのオーナーであり、経営者でもあるということです。自分のスキルやアイデアを活かして独立して働くことを意味し、経営者としての責任もあります。

収入が不安定になりがちであること、自分自身で事業の経営や税務処理などを行わなければならないことなど、リスクも増えて自己責任で行うことが増えます。

今まで会社がやってくれていたことを自分で行わなければなりません。自己責任でビジネスを行う意識が何より大切になります。コンサルタントとして個人事業主になって仕事をする場合には源泉徴収税の対応も必要になってきます。

また、確定申告も自分で行う必要があります。

こんなときには、先輩コンサルタントとのネットワークがあれば、やり方を教えてもらえますし、信頼できる税理士の紹介もしてもらえます。

コンサルタントのメンターを持つと、とても心強いです。会社員として長年働いてきた人は、自分で手続きをすることに戸惑われるかもしれませんが、まずは、開業をするときの基本を押さえましょう。

1．開業届の提出

税務署に開業届を提出する必要があります。開業後1か月以内に提出するのが原則です。オンラインで提出することも可能です（国税庁のe-Taxシステムを利用）。

2．青色申告か白色申告の選択

個人事業主は、税務上の申告方法として、税負担を軽くできる青色申告、または手続きが簡単な白色申告を選択します。青色申告を選択すると、さまざまな税制上のメリット（所得控除など）がありますが、帳簿などに関する要件が厳しくなります。

青色申告をする場合は、開業後3か月以内に「青色申告承認申請書」を税務署に提出する必要があります。

3．消費税の納税義務

前々年度の課税売上高が1000万円を超える場合、消費税の納税義務が生じます。消費税の納税義務がある場合は、適切な記録を保持し、申告を行う必要があります。

4．事業所得の計算

収入から経費を差し引いて事業所得を計算します。事業に関連する必要経費は、適切に記録し申告すると控除できます。

5. 国民健康保険・国民年金の手続き

サラリーマンから個人事業主になると、会社員時代に加入していた健康保険や厚生年金保険から脱退し、国民健康保険や国民年金に加入する必要があります。最寄りの市区町村役場で手続きを行います。

このように開業の準備を進めて、毎月の請求や支払いを管理して月次の決算を出していくことも最初に必要なステップとなります。

ゼロ円で今日からスタート

コンサルタントの仕事は元手ゼロからスタートできます。せいぜいノートパソコンが1台あれば事足ります。

新しい事業を始めようとすると、飲食店の場合は食材の仕入れや什器の手配などの準備が必要です。ものづくり企業であれば、ものづくりの機械や装置の準備が必要です。コンサルタントの仕事は身体と頭脳があればあとはパソコン1台でできるのです。ゼロ円で、コンサルタントとしての活動をスタートしましょう。

知り合いの会社の社長に何か手伝えることはないか、自分の得意分野で知り合いの会社の役に立ちそうなことはないか、聞いてみましょう。

ボランティアや手伝いをお願いされたら、期待以上の仕事をして成果を出してください。そうすることで、次の仕事につながります。

目の前の仕事を一生懸命することで、未来が広がります。楽しみながら、役に立つ仕事をすることで、自分のモチベーションも上がります。コンサルタントの仕事をスタートするための1つ目のステップとして、お勧めの方法です。

図表18では、コンサルタントデビューから1年目までにすることのチェックリストを載せています。手続きや申告など漏れのないように進めましょう。

図表18　コンサルタントデビューから1年目までにすることチェックリスト

項目	備考
□ 開業届の提出（法人化の検討）	開業後1か月以内
□ 青色申告か白色申告の選択	青色申告を選択する場合は申告をしようとする年の3月15日まで
□ 国民健康保険・国民年金の手続き	国民健康保険は脱退してから14日以内、国民年金はできるだけ速やかに手続き
□ 給与支払い事務所などの開設届出書	従業員を雇う場合には必要
□ 各都道府県税事務所への事業開始等申告書	各都道府県で定める日まで
□ 確定申告（法人の場合は決算）	確定申告は3月15日まで
□ 消費税の納税	課税売上高が1,000万円を超える事業者
□ インボイス番号の取得	クライアントに安心感を与えるためにも早めに取得

資格を取ってニッチを極めた元大工

N・Nさんは高校卒業後、建築業界に就職したくて、建設会社に入社しました。仕事内容はいわゆる大工の仕事で、伝統的な手法で仕事をする現場でした。ノコギリやカンナなどを使って、設計図面通りに資材を切り出したり、寸法を調整したり、その木材を組み立てて家を作ったりしていました。

その後、設計に興味を持ち、いったん会社を辞めて、専門学校に入って建築士の資格を取りました。そして、現在は施工管理技士という国家資格も取得し、もともといた会社から独立して、経営者としてのキャリアをスタートしました。

N・Nさんは、一貫して「建物を造る」という仕事に従事しながら、着実にキャリアアップをしています。好きでやりたいことは「建物を造る」です。できることは、建築士の資格や、施工管理技士の資格を活用した仕事です。

3つの輪のうちの最後の1つである「世の中の役に立つこと」を探していて、さらにニッチな強みに磨きをかけたいと思っています。

N・Nさんは、「もしかしてずっと日本で仕事をしなくてもいいかもしれない。日本の建築の技術を海外に広めることで、何か役に立てることがあるかもしれない」と考えはじめています。

こうして、「やりたいこと」「できること」「世の中の役に立つこと」の3つの輪を考えながら人生設計をして、ときどき見直しをすることは、仕事人生というキャリアにとって大事なことなのかもしれません。

現在、N・Nさんがチャレンジしているのは、スタートアップ支援のための国際コンテストに応募することです。英語も完璧にできるわけではありませんが、チャレンジすることが大事だと頑張っています。

N・Nさんのキャリアの道筋を俯瞰して思うのは、資格を取ることだけが大事なのではなく、自分のキャリアにとって必要な資格を取って、チャレンジすることも大事だということです。資格だけたくさん取って使っていない人も多いですが、N・Nさんは自分のぶれない軸があるので、仕事が変わっても、環境が変わっても「自分軸がぶれない」キャリア人生を歩んでいます。

大工さんをやっていて、起業して、建物を造ることが好きなN・Nさんのナンバーワンでニッチな強みが今後どのようになるのか、とても楽しみです。

第4章

コンサルタントデビューから2年目以降にすること

うまくいくコンサルタント、うまくいかないコンサルタント

コンサルタントとしてデビューして1年が経つと、固定のお客様も増えてくる頃です。ですが、ここでも明暗が分かれます。ある人はコツがつかめて、新しい顧問先企業の開拓方法もわかってきています。ですが、お客様獲得に苦労をしていて、なかなかうまくいかないコンサルタントがいらっしゃるのも事実です。

うまくいくコンサルタントと、そうでないコンサルタントでは何が違うのでしょうか。実は「そんなこと⁉」と言われるような簡単なことが理由になっていることが多いのです。

私がコンサルタントに最初にお伝えすることは、**クライアントに敬意を持って接してほしい**ということです。「そんなの当たり前でしょう」と思われるかもしれませんが、この基本のキを忘れてしまう人が多いのも事実です。

敬意を持つという表現がわかりにくいかもしれませんので、具体的に説明します。

クライアントはお客様なので、指導する立場であったとしても上からものを言う言い方はNGです。

お客様であるクライアント企業の社長は会社のことを考え、従業員のことを考えて日々懸命に会社経営をしています。

その社長に寄り添って伴走支援をする立場が、コンサルタントの立ち位置だということを忘れてほしくないのです。

まして、お客様企業の従業員は部下ではありません。クライアント企業の役に立つこと、クライアント企業に自分の価値を感じてもらうことが大事です。

コンサルタントは、毎日会社に行くわけではなく、月に数回会社に訪問して会議に出席するだけかもしれません。その月に数回の訪問で、「○○さんに来てもらってよかった。また次回もお願いします」と言ってもらえることが必要なのです。

66歳でコンサルタント活動を始めたFさんは、5000人近くの従業員を抱える会社の社長でした。大会社の社長だったFさんの素晴らしいところは、決して過去の栄光に引きずられることなく、真摯にお客様に向き合っていることです。どんなときも相手への敬意を忘れず、丁寧に接していらっしゃるのが印象的です。

本当の実力が試されるのが2年目以降

コンサルタントとして本当の実力が試されるのが2年目以降です。長年コンサルタントとして活動している人が口をそろえておっしゃるのが「自分で自分を売り込むのはとても難しい」ということです。

多くのコンサルタントは、紹介で仕事を取っています。これは、自分のクライアントが満足している場合にのみ起こることなのです。

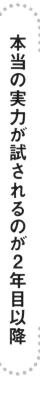

ですので、まずは目の前のお客様を大事にすること、目の前のお客様の成功に向かって伴走支援をすること、これが2年目以降も継続してコンサルタントとして活躍し続ける秘訣なのです。目の前のお客様を繁盛させることによって、次のお客様を紹介していただけることになります。

コンサルタントとして活躍している人は、基本を守って誠実に仕事をしています。誠実に仕事をするという具体的な行動は「約束を守る」「相手への敬意を持つ」「自分に厳しく行動する」「お客様の話を聞く」といった本当に基本的なことです。

本邦初公開！ コンサルタントの営業方法（上級編）

紹介が大事とはいえ、人頼みではなく新規のお客様にもアプローチしないと、と考えている人も多いと思いますので、本邦初公開、コンサルタントが仕事を取るための営業手法上級編を公開します。138ページで紹介した営業手法のステップアップバージョンだとご理解ください。

■展示会での営業

自分が強い業界や興味のある業界の展示会を調べて申し込みをします。そこで、展示している企業の担当者と話をしてその会社のニーズを探ります。その際には名刺交換を忘れずにしてください。ブースには営業責任者、場合によっては役員もいます。そこで情報交換をして後日アポイントメントを取ります。次回訪問でコンサルタントとしての自己紹介をして提案をします。

■知り合いからの紹介をもらう

他の会社から相談を多く受けている経営者がいれば、その方にお願いをして、自分のできることを書いたチラシをもって、お客様を紹介いただけないかとお願いします。往々にして、他の会社の社長から相談を受けている人は面倒見がよく、お人柄がよい人が多いです。素直に「ご紹介していただけませんか?」とお願いしてみましょう。

■交流会に参加する

経営者交流会は、毎日多くの場所で行われています。そのような交流会に参加して、名刺交換をします。名刺交換をしたら、その場で自分のできることを伝えて相手のニーズを聞きます。30人名刺交換して1人見込み客がいればラッキーなくらいの営業方法です。

106ページで紹介した壁打ちの手法をここで再度試して、成果を確認してみましょう。

■交流会を主催する・手伝う

自ら交流会を主催して、見込み客を集めます。また、仲間とともに交流会を主催すれば共同で集客ができるのでお勧めです。自分で交流会を主催するのは気が重たい人は、すでに行っている勉強会や交流会をお手伝いしましょう。主催者側になることで、参加者との距離はグッと縮まります。

稼ぐ力を身につける4つの方法

稼げる人とそうでない人、人気が出る人とそうでない人、さまざまなコンサルタントがいます。会社員時代よりも稼げているコンサルタントもいます。どのようにして稼げるコンサルタントになったかをヒアリングした結果、このような回答がありました。

どの回答も、確かに納得のできる答えです。ぜひ、コンサルタントとして稼ぎたい人は参考にしてください。

■新しい情報を常にインプットすること

今までの経験を活かすことはもちろんですが、自分の関わる業界の最先端の情報をインプットし続けることが必要です。さらに自分の関わる業界だけではなく関連する業界の最新情報もインプットしておきましょう。

たとえば、物流業界でしたら世界の物流大手の業界動向を調べるだけではなく、今後物流業界に影響を与える可能性のある分野の情報も収集する必要があります。最新のドローンの技術はどうなっているか、ドローンを使った物流の法規制はどうなっているか、などの情報も必要になってきます。

■ＩＴリテラシーを高くしておくこと

日々進化するＩＴ技術ですが、新しいツールに慣れて使えるようにすることも必須です。知らなくても部下がやってくれる時代を経験した人は、苦労するかもしれませんが、必要な要素です。新しいツールの使い方は調べるとわかりやすく説明した動画もあります。

新しいツールを使えないときに調べる方法を知っておくことが重要です。「ちょっと教えてくれないかな」とクライアントに聞くわけにはいかないので、自分で学びましょう。

もし、どうしてもＩＴリテラシーが追いつかないときは、若手のインターンシップを雇って手伝ってもらうのも一つの方法かもしれません。

■情報収集に自ら出かけること

コンサルタントとして活動するにあたって、情報のインプットとアウトプットのサイクルを速くすることが必要です。人と会うことによって情報が入ってきます。また、自分の専門分野に関係する展示会や勉強会にも積極的に出かけましょう。専門分野のコンサルタントと名乗ったときから情報は知っていて当然、と周りから認識されます。専門分野の情報を収集するためには、研究や論文などにも注目しておきましょう。

■自分の学びに投資すること

コンサルタントのGさんは、自分の学びに投資する金額は年収の15%と決めていると言っています。Gさんのセミナーを受けると確かに最新の学びを反映された話を聞くことができます。Gさんの決め台詞は「自分が今まで投資をしてきた学びのなかから役に立つ情報だけを凝縮してお伝えしています」という言葉です。実際に学びに投資したからこそ言える一言です。

■ニッチな部分でナンバーワンになること

ブログやSNS発信、ウェブサイト制作などで、マーケティング戦略を考える際には、ナンバーワンでニッチな部分を狙うことが必要です。特定の市場や顧客層に焦点を当てた独自の分野やトピックのことをナンバーワンニッチと言います。コンサルタントも同じくナンバーワンニッチを目指しましょう。

自分の専門分野を見極める。専門分野について誰よりも詳しくなる。その知識をシェアして、多くの人に情報提供をする。常に新しいことに挑戦し続ける。

そうすれば、自然と「ナンバーワンのニッチなコンサルタント」になれます。

ニッチな部分というのがポイントです。たとえば、人事コンサルタントであると幅広い領域になりますが、もっと範囲を狭めて「リモートワークの人事管理についての専門家」でしたらいかがでしょうか。

範囲を狭めれば狭めるほど、ナンバーワンニッチになれる可能性が高まります。

ナンバーワンニッチな自分の表現方法

自分のことを伝えるときにありがちな表現にならないために、ナンバーワンニッチを意識していただけたらと思います。私が今までに出会った、ナンバーワンニッチの事例をご紹介します。

■「経営コンサルタント」をナンバーワンニッチな表現にしている事例

大学時代から環境問題に取り組み、環境NPOの理事も務めているEさんは「サステナブル経営ナビゲーター」というニッチなネーミングで活躍しています。

Eさん曰く、東大卒の経営コンサルタントは数多くいるとのこと。私からすると、東大卒というだけでもかなり印象に残りますが、さらに環境問題にも詳しく、「サステナブル経営」というあまり聞かないワードを使っています。

Eさんが会社を立ち上げたときは、環境に詳しいコンサルタントが今ほど多くいなかったそうです。経営コンサルタントのスキルもあるうえに、環境にも詳しいナンバーワンニッチなご自身の表現方法をお持ちです。

■銀行出身者のナンバーワンニッチな事例

銀行にお勤めだった人が、経営コンサルタントを目指すことは比較的多いです。金融業界出身の経営コンサルタントだと、ありふれている印象を受けます。

子ども向けに金融教育を提供する「金融教育コンサルタント」の肩書を使って活動を始めた方がいます。

今後金融教育が必要になる学校教育現場で、金融教育やスタートアップ支援を行うためのノウハウを提供しています。

■元メーカーのお客様対応担当者の事例

お客様対応窓口の担当者は、日々お客様からの声やクレームを受け取ります。自分自身は会社の顔としてお客様に向き合わなければなりません。Qさんはその現場で30年の経験をお持ちです。

日々受けるお客様の声を本社にレポートし、お客様のご意見に対応する方法をコンサルティングメニューにして、クレーム対応コンサルタントとして独自のノウハウを提供しています。

どの事例も、**過去の経験と自分の珍しい趣味や、やりたいことを掛け合わせているのがポイントです。**キャリアの二つの柱を持つ優位性はよく言われていますが、そのような考え方と同じです。

キャリアの二軸とは、一般的には「専門性の軸」と「マネジメントの軸」を指すことが多いですが、ここで言うキャリアの二つの柱は、一般論にとらわれず、過去のキャリアや経験から考えていただけたらと思います。

不安から安心へ60秒でチェンジ

定年退職前の人がおっしゃっていた言葉です。何から始めたらよいかわからないので不安を感じる。これから何が起こるのか想像がつかないので、漠然とした不安がある。

人が自分のキャリアに不安を覚えるときはどのようなタイミングなのでしょうか。たとえば、明確なキャリアパスが見えないとき、技術や知識が遅れていると感じるとき、職場での変化があったとき、などです。不安になったときは、自分の将来について考える良い機会だととらえてください。

おそらく、コンサルタントとしてスタートするときは、そのような不安でいっぱいだったのではないでしょうか。コンサルタントとして活動を始めてから2年目になっても、このような不安な気持ちが出てくるかもしれません。

そしてこれらの不安は、成功している先輩を見ることによって不安解消が可能になります。コンサルタントとして成功している人の様子を見ることで不安から安心へ60秒で変えることができます。

できるだけ、**自分に近い環境を持っている諸先輩方の行動を観察し、見習いたいところを取り入れましょう。**不安から安心へ心の変化が起こります。

不安になったときには同じくコンサルタントを目指す仲間と一緒に勉強をすること、コンサルタントとして活動している人の話を聞くことは、とても有効な不安解消方法です。また、金銭面で不安な場合は、ご自身が毎月いくら稼がなければならないのかを把握して、予定を立てましょう。

参考までに、独立起業された方向けの計画表がダウンロードできるサイト情報を、ご紹介します。日本政策金融公庫が発行している計画表です。ご自身でこのシートを書いてみることによって、コンサルタントとして独立したら、どのような計画で進めるかが明確になります。

コンサルタントとして活動すると、融資の相談や資金繰りの相談を受けることも多くなります。日本政策金融公庫のホームページには、業種別の事業計画書の記入例もありますので、ぜひ参考にしていただけたらと思います。

日本政策金融公庫ホームページ　参考書式ダウンロードページ
https://www.jfc.go.jp/n/service/dl_kokumin.html

いつでも人生再チャレンジは可能です

これまで数多くのコンサルタントとお会いしてきたなかで、印象に残ったLさんの紹介をします。

Lさんは美容師としてのキャリアを積んで独立。順調に経営をしてきました。美容院を複数店舗27年間経営し、年商3億にまで達しました。2000年にはニューヨーク支社を設立しましたが、2015年に倒産。うつ病、破産、1年間の引きこもりを経験したのです。

その後、再起業したLさんは、再起業する人を支援するコンサルタントとして活動しています。

日本では再起業に高いハードルがあります。一人ではどうしたらいいかわからない人のために、自分の経験がプラスになればとの思いで活動しています。創業より廃業、倒産の数が上回っている日本で、倒産や廃業を少しでも減らしたいと意欲的に活動されています。

Lさんの波乱万丈なストーリーをご紹介します。Lさんは、15歳から美容師として懸命に働き、23歳で独立しました。そして美容室、理容室、エステサロンの経営と意欲的に事業を展開しました。売り上げは3億円以上になりました。運にも家族にも恵まれて順調な経営だったそうです。

そんな順風満帆な日々でしたが、あるとき美容院で働いているスタッフの手がシャンプーで荒れてしまうのを見て、手の荒れないシャンプーを開発したいと思ったそうです。理美容師の手荒れ問題はかなり深刻でした。毎日何人ものお客さんのシャンプーやパーマ、カラーなどの薬剤を使います。さらにお湯を使うことや、ドライヤーの熱風を浴びることなどで手はボロボロになってしまいます。

ドクターストップがかかる人もいるぐらいです。指の関節のしわがひび割れ、血がにじんだり、腕にまで湿疹が出てきたりすることも珍しくないのです。

見た目のきらびやかな雰囲気とは違い、美容師の手は美を提供している職業の手というにはほど遠い現状がありました。

毎日たくさんのシャンプーや薬剤を使う理美容師が、少しでも薬剤からの刺激を軽減できるようにしたい。低刺激で顔も体も、髪の毛も全部洗えるシャンプーを作りたい。

そのような思いで開発に力を入れたのです。低刺激で洗浄力が弱くなると毛穴の汚れが取れにくい。どうしたらいいかと日々悩んでいたときに閃《ひらめ》いたのが「炭」だったのです。

ちょうど当時は炭がブームになっていて、下駄箱に入れて脱臭剤代わりに使ったり、部屋に置いて空気清浄に使ったりされていました。実際に真っ黒な炭入りのシャンプーで洗った後の頭皮を300倍のマイクロスコープで見てみると毛穴の汚れがきれいに取り除かれ、ぽっかりとクレーターのようになっていました。これはいける！　と直感したそうです。真っ黒でとてもインパクトがあり面白い！　今までにない発想と、シャンプー剤のクリーム色や、透明感のあるクリアなシャンプー剤のイメージを壊すことにもワクワクしたのを覚えているとのことでした。

研究に研究を重ねたLさん、安全性の実験を自らも行いました。毎日炭シャンプーの原液を自分の頭皮にたっぷり塗り、ラップをかけて30分以上放置し実験しました。

こんなことを何度も繰り返しました。そして、顔も体も髪も安全に安心して使える、洗浄力だけに頼らないシャンプー。炭の吸着力を利用した、画期的でインパクトのある真っ黒な炭シャンプーが誕生したのです。

色が黒で炭が入っている珍しさもあり、大ヒットしました。テレビで取り上げられ、商品が飛ぶように売れ、巨額の利益を手に入れます。その後、海外展開を考え、ニューヨークに支社を設立し、移住しました。

ところが、このころから事業がうまくいかなくなります。そして、49歳で27年間経営していた会社を閉じて、破産してしまったのです。さらにうつ病を発症し、そこから1年間引きこもってしまいました。

借金もしました。恩人に電話をかけて、お金を借りることもありました。恩人に借金のお願いの連絡をするときには、何度も携帯電話を手に取り、お金を貸してほしいと言う勇気が持てず、躊躇をしてポケットにしまうことを繰り返しました。そんなことをしているうちに数時間もの時間が過ぎたと言います。

Lさんは、過去にお金を貸して返ってこなかった経験もしています。また、お金を借りて返せなかった経験もしました。ここからLさんが学んだことは、貸しても借りても結局は、幸せになれなかったということです。資金繰りが悪くなると、経営者は正しい判断ができなくなります。

そんなときに頼りになる存在のコンサルタントがいたら、どんなに良かっただろう。その思いが今のLさんの活動の原動力となっています。


現在は、日本再起業支援協会という協会を立ち上げて、何度でも再チャレンジできる社会をつくりたいと活動をしています。再チャレンジできる世の中にすることによって、救われる人がいるといいます。

まさに、ご自身のできること、やりたいこと、世の中の役に立つことの3つの輪が重なる部分を軸にして活動をしています。一回失敗したら人生終わりではなく、失敗しても、何度でもチャレンジできることを、日本に根づかせていきたい。そのような思いで活動を続けています。


「一人では突破できない壁も、同士が集まり、同じベクトルで動き、お互いの強みをシェアし、モチベーションを保つことで、素晴らしい結果を生み出すことができます」

とLさんはおっしゃいます。ご自身の経験からできることが当たり前の日本にしたいそうです。

リピートのお客様を大切にする

コンサルタントとして、幸せに仕事を続けるためには、既存のクライアントに対して敬意を持って、懸命に伴走支援することが大切だということは、すでに書いた通りですが、新規の開拓も必要です。既存顧客の対応と新規開拓、両方をバランスよく行う時間配分はどのようなものでしょうか。

こちらも本邦初公開、売れっ子コンサルタントの一週間のスケジュールを見せてもらいましたので、それをこちらで公開します。具体的なクライアント名は出せないのでA社、B社としています。

■Sさんの事例

営業コンサルタントSさんの一週間です（図表19）。朝は6時から活動スタートです。朝、近所の公園を散歩後、シャワーを浴びて朝食をとって、9時半から仕事です。Sさんは営業支援のコンサルタントのため、とにかく一日に会う人数が多いです。

図表19　　**営業コンサルタントSさんの1週間**

	月	火	水	木	金	土	日
6：00	散歩	散歩	散歩	散歩	散歩	散歩	散歩
7：00	朝食	朝食	朝食	朝食	朝食	朝食	朝食
8：00	出勤	出勤	出勤	出勤	出勤	俳句を作る	書類整理
9：00	顧問先へ	顧問先へ	研究会	顧問先へ	研究会	↓	↓
10：00	会議	会議	↓	会議	↓	ジム	↓
11：00	↓	↓	↓	↓	↓	↓	↓
12：00	ランチミーティング	ランチミーティング	車で移動しながら昼食	車で移動しながら昼食	ランチミーティング	昼食	昼食
13：00	↓	↓	顧問先へ	顧問先へ	移動	俳句の会	孫の相手
14：00	交流会	書類整理	会議	会議	美容院	↓	↓
15：00	↓	↓	↓	↓	↓	↓	↓
16：00	顧問先へ	↓	移動	移動	研究会	↓	↓
17：00	↓	新規営業	会議	会議	↓	↓	↓
18：00	会食1	↓	会食1	↓	会食1	食事会	食事
19：00	↓	↓	↓	↓	↓	↓	リラックスタイム
20：00	会食2	帰宅	会食2	帰宅	会食2	帰宅	↓
21：00	↓	食事	↓	食事	↓	リラックスタイム	↓
22：00	↓	リラックスタイム	↓	リラックスタイム	↓	↓	↓
23：00	帰宅	↓	帰宅	↓	帰宅	↓	↓
交流人数	70名	30名	70名	20名	60名	20名	

一日平均5件のアポが入っています。しかも同時進行でミーティングが進んでいることもあるほど、時間の使い方が上手です。夜の会食も2部制。18時〜20時と20時〜22時と2部に掛け持ちで参加しています。

これだけの人と毎日会って、目まぐるしく変わる顧問先の状況も把握しながら、毎日を過ごしていると、一週間があっという間に過ぎてしまいそうです。

だからこそ、自分のワークライフバランスを考えることが大切で、人それぞれにコンサルタントとしての生活パターンを設計する必要があるのだと思います。

■Xさんの事例

小売り流通コンサルタントXさんの一週間です（図表20）。

Xさんの顧問先は7社ほどですので、月に一回の顧問先訪問と、交流会への参加、会食への参加、家族との時間のバランスがちょうどよい具合にとれているとのことです。

孫の世話もしていて、月曜、水曜、金曜の午前はXさんが担当だそうです。

会社員時代とは違って、英会話レッスンを受けたり、家族を大切にする時間をとれているとのことでした。

図表20　　小売り流通コンサルタントXさんの1週間

	月	火	水	木	金	土	日
6：00	起床	起床	起床	起床	起床	起床	起床
7：00	朝食	朝食	朝食	朝食	朝食	朝食	朝食
8：00	孫の世話	準備	孫の世話	準備	孫の世話	家族と過ごす	趣味の時間
9：00	↓	↓	↓	↓	↓	↓	↓
10：00	↓	顧問先へ	↓	顧問先へ	↓	↓	↓
11：00	英会話レッスン	↓	↓	↓	↓	↓	↓
12：00	↓	↓	↓	↓	↓	↓	↓
13：00	↓	顧問先へ	交流会	顧問先へ	交流会	↓	↓
14：00	自由時間	↓	↓	↓	↓	↓	↓
15：00	↓	↓	↓	↓	↓	↓	↓
16：00	↓	↓	↓	↓	↓	↓	↓
17：00	↓	↓	会食	↓	友人と会食	↓	↓
18：00	夕食	夕食	↓	夕食	↓	夕食	夕食
19：00	↓	↓	↓	↓	↓	↓	↓
20：00	リラックスタイム	リラックスタイム	リラックスタイム	リラックスタイム	リラックスタイム	リラックスタイム	リラックスタイム
21：00	↓	↓	↓	↓	↓	↓	↓
22：00	↓	↓	↓	↓	↓	↓	↓
23：00	就寝	就寝	就寝	就寝	就寝	就寝	就寝
交流人数	5名	10名	30名	10名	30名		

2年目を過ぎたら一度、仕事の棚卸しをして、1週間の予定を書きだしてみましょう。無駄な動きをしていないか、収支のバランスは充分取れているか、再確認が必要です。

紹介をいただける仕事の仕方と仕組み作り

既存のお客様からご紹介をいただけるのは理想ですが、そのようなご紹介をいただくのは最初はなかなか難しいと思います。ですので、既存のお客様のところにうかがった際には「ぜひ〇〇さんのような若手の経営者がいれば教えてください」と紹介をお願いしてみましょう。人からの紹介は本当に大切です。

そのためにも**自分が「やりたいこと」「できること」「世の中の役に立つこと」「ぶれない自分の軸」を見つけておくことが重要です。**自分ができる仕事の内容を、会った人にひとことで説明できるようにしておきましょう。

また、紹介をいただけるような仕組みを作ることも大切です。

コンサルタントのネットワークを作っておくこと、常に情報をインプット&アウトプットする環境を作っておくことが必要です。コンサルタント同士の勉強会に参加するのもよし、自分の専門分野の勉強会に参加するのもよし、常に情報のインプットを意識していただけたらと思います。

顧問先が切れてしまわないように、コンサルタントデビューした人にアドバイスしている方法は、定期的なレポートを提出することです。毎回の議事メモをしっかりと取って、次回のミーティングの際に報告をするのはもちろんですが、**四半期に一回、ご自身で、コンサルタントの立ち位置からのレポートを書く**ことをお勧めします。それが継続契約を取るためのノウハウです。

会社の中にいると見えないことでも、定期的に訪問していて外から会社を見ているコンサルタントだからこそ、見えてくる会社の強みや弱みがあるのです。

コンサルタントからの定点観測的なレポートがあると喜ばれること間違いなしです。

コンサルタント先の企業の分析方法でお勧めなのが、「ローカルベンチマーク」というツールです。これは、誰でも使えるコンサルティングツールとして国が提供しているツールです。

経済産業省のページからダウンロードできるようになっています。個別企業の経営状態を把握するための財務面6つの指標があり、「商流・業務フロー」、「4つの視点」（非財務面）も見ることができる3枚組のシートがローカルベンチマーク・シートです。このようなレポートを作成して顧問先企業に渡すとよいでしょう。

経済産業省ホームページ　ローカルベンチマーク・シート　ダウンロードページ
https://www.meti.go.jp/policy/economy/keiei_innovation/sangyokinyu/locaben/index.html

初心に戻って振り返ってみる

価値観について確認するワークを第2章で行いましたが、その結果はいかがでしたでしょうか。価値観のワークは定期的にやっていただけたら、当初の価値観と変わっているかどうかがわかります。もし、変わっていても大丈夫です。

2年目以降は価値観やワークライフバランスの見直しを含め、自分自身の内面を見つめる作業を時折時間をかけて行ってください。

初心に戻るという意味では、自分自身の態度やクライアントに対する態度も振り返ってみましょう。クライアントに対しての敬意を忘れていないか、目の前のお客様に真剣に向き合っているか、ワークライフバランスを見直す際にあわせて振り返ってみていただけたらと思います。

コンサルタントの仕事は、あくまでもお客様に価値を感じていただくことです。そして、お客様の会社が良くなることが、自分自身の存在価値になります。

2年目以降は、事業を継続するために取捨選択が必要となります。どのようなお客様と付き合うか。やりたいこと、できること、世の中の役に立つことを合わせもったサービスを、どのように提供できるか。**本当に自分のコンサルティングはお客様の役に立っているのか。初心に戻って振り返りましょう。**

うまくいかないと感じたときは「一人会議」を

もし、仕事をしていて何かストレスを感じるとき、うまくいかないと感じるときは、いったん立ち止まって振り返ることが必要です。その際には、自分自身と向き合って次のような問いかけをすると、気持ちの整理がつきやすいです。これは、私が考えた一人会議手法です。

・今の課題を具体的に挙げるとどのようなことだろう?
・この課題をどうすれば解決できるだろう?
・この課題が解決できたら半年後はどうなっているだろう?
・半年後のイメージを達成するために、今すぐにすること、1か月後にすること、3か月後にすることを書き出す。

たとえば、「新規事業をスタートするのに資金が足りない」→「資金を調達するためにはどうしたらいいだろう?」→「資金が調達できたら半年後はどうなっているだろう?」→

「半年後のイメージに近づくために今すぐにできることは何だろう？　1か月後はどうか？　3か月後は？」といった具合に一人会議をするのです。

そしてその一人会議の内容は、頭の中での記憶だけではなく、書き出してそれを時折見返すことが必要です。

メンターからアドバイスをもらう

コンサルタントとして、うまくいかない、何かがずれていると感じることはあります。それは、お客様から契約終了を告げられたとき、立て続けにクレームがあったときなどです。

そのような場合には**マネジメント会社に相談すると良いです。**マネジメント会社に登録をしていると、そのような悩みに対して的確な情報を出してくれたり、学び直しの機会を与えてくれたりします。

私がお勧めするのは、**コンサルタントのメンターをつけること**です。先輩コンサルタントにメンターになってもらって、お客様とのコミュニケーションやコンサルティング手法の確立に対してアドバイスをもらえます。

コンサルティング先の企業は、ほとんどが中小企業です。大手の企業で会社員をしていた人にとって中小企業の現状を理解するのは難しいかもしれません。

そのようなときにメンターの指導があると、自分自身のずれに気がつくことができますし、お客様とのコミュニケーションも良好になります。

中小企業は、人事制度や社内の仕組みなどが大手企業のように整っていないことが多いです。業界が変わり、企業規模が変わると、違うことも多く戸惑うことがあるかもしれません。組織が整っていないからこそ、コンサルタントの力が必要なのです。

また、お客様の営業力のなさに驚くこともあるかもしれませんが、お客様の営業力が少ないからこそ、営業コンサルタントの力が発揮できるのです。

今一度、自分が役に立てるところはどのようなところかを見つめ直して、目の前のお客様に貢献しましょう。

ホワイトボードの使い方が役立った、元メーカー役員

M・Kさんは、日本の大手電機メーカーの役員をやっていました。真面目でお人柄がすばらしく、会社員としては、大成功をおさめています。

定年退職後、たまに前職の顧問として、社長との面談に呼ばれて相談に乗っていましたが、それだと時間を持て余してしまいます。

「自分は世の中の役に立っていないのではないか」という漠然とした不安や、焦燥感があったと言います。

お金ではなく、役に立ちたいという思いが強いM・Kさんは、小規模なスタートアップ企業の相談を、半年5万円という破格の金額で始めました。

月に数回の会議に出て、社内の全員と一緒に戦略を考えて、自分自身もお客様のところに同行して、会社の発展に協力しました。

その経験を経て、M・Kさんが気づいたことがあります。M・Kさんは、会議で話をされていることを図に落とし込んでいくことが得意だということです。

M・Kさんは、前職の役員時代に経営企画部門に長年いました。そのときにホワイトボ

ードにみなさんの意見を集約して、経営戦略のフレームワークに当てはめて書くことによって、会議に参加している人たちの頭の中が整理されて、方向性が固まっていくというファシリテーションをよくやっていました。

経営者や役員は、今起こっている問題や課題など目の前のことに集中しているので、俯瞰してものごとを見ることが難しい状態です。それを図に落とし込んで、経営陣ももののごとを俯瞰できるようにファシリテートするのです。

この技術はM・Kさんのニッチなスキルであることが最近わかったと言います。しかも、役員時代に培った経営ノウハウも充分に活かせます。

M・Kさんは、その人柄と経営センスを頼りにされて、顧問先企業が上場するときに株を持つことを約束されています。上場したら大儲けです。

そのような夢を見させてもらえること、楽しく世の中の役に立てることが何より楽しいそうです。

いきいきと仕事をして、それが世の中の役に立っている実感を持つことは、何より精神的に健康でいられるし、徳を積んでいると思います。

人徳は、お金では買えませんし、時間がかかります。M・Kさんが過去歩んでこられた、点と点や線と線が、面になって展開している事例だと思います。

第5章

お客様から相談が絶えない
コンサルタントになる秘訣

引く手あまたのコンサルタントは何が違うのか

お客様から相談が絶えないコンサルタントは、常に自己研鑽をしています。新しい情報に敏感で、今後のクライアント企業を取り巻く現状をよく理解できています。そのようなコンサルタントはリピートを確実にし、相談が絶えないコンサルタントとして活躍できます。

お客様がなぜコンサルタントに仕事を依頼するかというと、お客様の課題解決を期待しているからです。**課題を解決すること、そしてお客様の（社長の）悩みが解消されることが、究極のコンサルタントの役割なのです。**

このコンサルタントにお願いしたら、会社の利益が上がった、離職が減った、など結果を出すことが大事です。**結果を出していると自然に、お客様からお客様を紹介してもらえるようになります。**

何年も継続してコンサルタントに依頼をしてくれている企業に、なぜ〇〇先生にずっと依頼をしてくれているのですか？　と質問したところ「机上の空論ではなく、実際に営業マンと一緒に動いて結果を出してくれているから」という回答がありました。

結果にコミットして、営業マンと一緒になって伴走支援をしているコンサルタントが評価されている良い事例です。そのようなコンサルタントはリピートが来ます。

営業マンを一人雇うよりも安い金額で、新人営業マンを伴走支援によってＯＪＴ研修してくれて、さらに営業効果も高まるという３つのメリットが企業にとってはリピートの理由となるのです。

あるコンサルタントのクロージングトークをここにご披露しようと思います。

「僕のコンサル料は、新人の営業マンを雇うよりも安い金額です。しかも社員を雇うと福利厚生の費用が給料の１・５倍くらいかかりますよね。コンサルタントは業務委託なので福利厚生費用も交通費も一切かかりません。しかも、社内での机もいりません。そんなコスパの良い営業マンを一人雇うと思うと安いと思いませんか？」

そうクロージングで伝えるとお客様は「うーん、そりゃそうだ」と契約をしてくれます。

このクロージングのトーク通りに営業の成果を出しているコンサルタントは、リピートが来ます。もちろん、契約をしていただいだうえで成果を出さなければなりませんが、実力があるのにコンサル契約ができていない人も多いので、クロージングトークを持っておくことをお勧めします。

コンサルタントの価値を左右する思考法

コンサルタントの思考法をここでご紹介します。コンサルタントの思考で大切なことは、大局を見ることと、本質を見ることです。**コンサルタントの思考法を習得することで、問題解決能力を高め、クライアントに価値を提供し、お客様との関係性が長く続くコンサルタントになれます。**

1．好奇心を持つ

常に新しい知識や技術、業界の動向に興味を持ち、学ぶ姿勢が重要です。

仕事に直結しないようなことでも、好奇心を持って探求することが、予想外のアイデアや解決策を生み出すことになります。新しい情報、新しい技術にアンテナを張っておきましょう。人に対する好奇心も大切です。自分と違う思考を持つ人とのディスカッションは世界を広げます。自分とまったく違うタイプの人の話を聞く機会を作りましょう。

また、業界の第一人者の話を聞きに行くこともお勧めします。今はその人に直接会えなくても、動画で学ぶこともできる時代です。業界の第一線の方々の情報を知っておくことは自分のスキルの向上にもつながります。

そのほか、自分にとって「師」となりそうな人を何人か探しておくことをお勧めします。「師」は直接会えない人でもかまいません。その人の情報発信に触れておくことで、〇〇さんだったらこんなときどう考えるだろう？ と想像でき、コンサルタントの思考が強化されます。

2. 問題を深掘りする

一見すると単純に見える問題でも、その背後にある本質や根本原因を見つけ出す力が求められます。表面的な解決ではなく、根本から問題を解決するためには、深く考え、掘り下げる力が必要です。

一時的に絆創膏を貼るような対応では、また同じような問題が起こります。問題が起こったときは、なぜこの問題が起こったのか、次に問題が起こらないようにするにはどうすればいいかと考えることが大事です。

問題を深掘りし、本質を見つけ出すことは、お客様の深い部分の問題解決に役立ちます。参考までに問題を深掘りするための具体的な方法を紹介します。

3．5回のなぜを考える

問題の表面的な原因だけではなく、その背後にある根本原因を探るために、「なぜ？」という質問を繰り返し行います。最初の「なぜ？」で出てきた答えに対して再度「なぜ？」を問い、5回繰り返すことで、問題の深層にある原因が見えてきます。5回のなぜは、トヨタ生産方式を構成する代表的な手段の一つですが、本当の原因を導く方法として広く使われています。

4．継続的な学習

時代や業界の先端技術は刻々と進化しています。特に、現代はそのスピードが速くなっていると肌で感じます。その変化に適応し、常に時代にキャッチアップするためには、学び続ける姿勢が必要です。コンサルタントにとって学びに投資をすることは、車にガソリンを入れるようなものです。

みなさんは年収の何割を、自己啓発や学びに投資しているでしょうか。学ばざる者に居場所はありません。学びに喜びを感じ、インプットとアウトプットを高速回転で行えば、仕事がなくなることはありません。

学びに必要な要素として、リベラルアーツが必要だと、私のメンターコンサルタントは言います。多様性やイノベーションに欠かせない教養としてのリベラルアーツは、今後ますます必要となってきます。人間としての総合力を高める「学び」が必要とされています。また、昨今では専門性についても、1つではなく2つ持つことで、よりキャリアの形成がしやすくなると言われています。

そのような学びをインプットしたら、ぜひアウトプットの場を自分自身で作りましょう。勉強会での発表や学んだことをコンテンツとしてお客様に提供するのもよいアウトプットになります。

5. 柔軟性を持つ

状況や条件が変わったときに素早く適応し、柔軟に対応できる力は、現代のような移り変わりの激しいビジネス環境下で生き残るための鍵でもあります。変化を恐れないこと、柔軟な思考を持ち続けることが大切です。

新しい仕事がどんどん生まれて、今までの仕事がものすごいスピードで消えているこの時代は、今までにない変化に富んだ時代です。だからこそ、柔軟性をもって、時代に適応する力が必要です。

気がつかないうちに、自分のいる業界が凌駕されて、あっという間に今までの仕事がなくなるかもしれないという危機感は常に必要です。

インターネットとパソコンの登場で、多くの仕事やサービスがなくなりました。スマホの登場でも同じことが起こりました。クラウドサービスの登場で、多くのサービスが生まれ、多くのサービスが衰退しました。

印刷業界も大きく変わりました。活版印刷の時代、活版印刷の文字が付いた棒状の印刷部品を印刷版にセットして印刷をしていた時代がありました。そこでは、文字のついた棒状の部品を見ることなく、場所を覚えていて手を後ろに回して取り出して版にセットできる職人がいました。かつて、活版印刷の腕の良い職人さんはヒーローでしたが、今はその技術は使う場所がないのです。

時代の移り変わりと共に、新しい職業が生まれる時代です。柔軟な発想を持って、素早く時代に対応しましょう。

6. コミュニケーション能力を磨く

自分の考えを明確に伝え、他人の意見を理解する能力は、チームで働くうえで欠かせません。コミュニケーション能力は、いつの時代もそれぞれの能力として評価され、会社やプロジェクトの成功や発展に直結します。

コミュニケーション能力の高さは、コンサルタントに必要な能力です。自分の伝えたいことを相手に的確に伝える能力はトレーニングで磨けます。相手に理解してもらえないと、仕事が前に進みません。ですから、相手に100パーセント理解してもらっているか、確認しながら伝えることが大切です。相手にわかる言葉で、相手にわかる事例を交えてわかってもらえるまで何度でも説明する力が必要です。

たとえば、コンサルタントとしてプレゼンをしたときに、聞いているお客様が質問をしてこないときや、しん、として沈黙が続くときなどは、相手が理解をしていないということです。相手の理解が不足しているのではなく、コンサルタントの伝える能力が不足している証拠です。

コミュニケーション能力のなかには、プレゼンテーション能力も含まれています。プレゼンテーション能力は、コンサルタントに限らず、企業代表者から士業、新入社員まで全員が磨かなければならないスキルです。今後は、間違いなくグローバル化も進みます。相手に理解してもらえるコミュニケーション能力は必須です。「コミュニケーションよければすべてよし」を合言葉にぜひご自身のコミュニケーション能力を磨いていただけたらと思います。

コミュニケーションは双方向で行うものです。相手への配慮なくしてコミュニケーションは成立しません。ぜひ相手への敬意や配慮をもって接していただけたらと思います。

補助金と助成金の申請の知識はキラーコンテンツ

コンサルタントの契約料は1件当たり月額10万円〜50万円程度です。人によって金額が変わりますが、大手のコンサルファームのコンサル料からするとずいぶん安いと感じると思います。

一人10件も担当するとけっこう忙しくなりますから、平均で7件として、月額70万〜350万。一年で840万〜4200万です。

さすがに50万の顧問先を7件持っている人はいませんので、だいたい平均して1000万〜1500万が人気コンサルタントの相場です。

コンサルタントのなかには、補助金の申請や助成金の申請が得意な人もいます。そのような人は、補助金・助成金の相談も多く、補助金の申請を手伝うことによって会社との付き合いが深くなることから、お客様獲得に有利になります。

また、補助金・助成金の申請手数料も入ってきますから一石二鳥です。補助金・助成金の知識はコンサルタントとして持っておくとご自身のキラーコンテンツになります。

ここで補助金と助成金についてご紹介しておきましょう。「補助金」とは国や地方公共団体などから支給されるお金のことです。財源は公的な資金となり、主に税金から出されるものですので、誰でももらえるわけではありません。

申請や審査が必要になり、一定の資格が必要な場合もあります。「補助金」は採択件数や金額があらかじめ決まっているものが多く、申請したからといって必ずしも受給できるわけではありません。

申請30社に対し、採択予定件数が10社であれば、20社は審査で落ちてしまうことになります。一か月程度の公募期間を設けるのが一般的で、この期間内に所定の書類を揃え、申請する必要があります。

多くの場合は、採択件数に対し、応募件数が上回ります。提出書類でその妥当性や必要性をアピールできないと、どんなに良い提案をしても採択には至りません。その意味で、補助金の申請に関しては、提出書類の内容が極めて重要であると言えます。
「助成金」は要件を満たせば受給できる可能性が高く、厚生労働省の所管している「雇用調整助成金」などは所定の様式に従って申請を行うことが必要ですが、要件を満たした事業者には原則給付されます。

このように、クライアント企業に対して、活用できる補助金や助成金の情報を提供することも、お客様の事業の発展につながります。それがすなわち、ご自身のコンサルティング契約の安定にもつながります。

自分で自分を高く売る、ちょっとしたコツ

コンサルタントが自分で自分を売り込むことはとても難しいとみなさん一様におっしゃいます。確かに、「私の能力はすばらしいのでコンサルティングの契約をしませんか?」

とは言いにくいと思います。
では、コンサルタントのみなさんはどのようにして自分で自分をアピールしているのでしょうか。能力はあるのに安売りをしているコンサルタントにぜひ知っていただきたいことがあります。

ご自身の価値がどこにあるか見極めたら、それにまず定価をつけてほしいのです。

定価は自分の希望金額でかまいません。定価を安くする必要はありません。むしろ高く設定してください。
そして、このお客様とのコンサルタント契約をどうしても取りたい、と思ったら定価は〇〇円ですが特別に〇〇円にします。と言えばいいのです。

お客様は結果が出ることがイメージできたら、お金を払ってくれます。お客様の望む未来をどのように叶えるか、ストーリーを作ってみましょう。そしてそれをお客様がイメージできたら、契約してもらえます。
お客様が払うお金よりも、お客様が得るメリットが大きければお客様は契約してくれます。どれだけのメリットを提供できるかを語ることが大事です。コンサルタントと契約して、毎月1000万の利益が出るのであれば、月額100万のコンサル料は安いのです。

では、お客様に結果が出ることをイメージさせるにはどうしたらよいのでしょうか。それには、お客様へのヒアリングが重要になります。

契約の取れないコンサルタントは、お客様の話を聞くのではなく、自分の話をしてしまいます。それが、自分の過去の実績や自分の経歴、さらには自慢話になってしまうと、どんどんお客様の契約をしたい気持ちが薄れていきます。

売れるコンサルタントは、お客様の話を聞けるコンサルタントです。お客様が9割話したら、1割を話すくらいがちょうどよいのです。

そして、お客様が未来の会社の様子、未来の自分の様子、未来の家族の様子を話すのを、敬意を持って聞きましょう。お客様の喜ぶ姿を見るのが自分の喜びととらえられるコンサルタントでしたら、お客様がいきいきと話をしている姿を見るのは嬉しいと感じるはずです。

お客様が自分の力で運転して目的地に行けるようにするのが、コンサルタントの

役目です。そのためにはお客様の目的地をしっかり理解しておく必要があります。

決してお客様を助手席に乗せてコンサルタントが運転をするわけではありません。監視カメラのように、見張るわけでもありません。旅のしおりを渡して、一日1000キロ走るコースですと伝える旅行会社でもありません。コンサルタントは助手席や後部座席に一緒に乗って、車がエンストしたら一緒に車を押す同乗者です。それが、現場の伴走支援です。

高い金額をつけるということは、自分の出せる結果にコミットするということです。

顧問先から紹介を生む人間関係作り

お客様からお客様を紹介していただくと、信頼の連鎖になりますので、非常に関係性を築きやすいです。自身が持ち上げてもらった状態でお客様に紹介されますから、契約も成立しやすいです。お客様から紹介が生まれる秘訣を紹介したいと思います。

まずは、お客様に周りのお客様を紹介してほしいとお願いします。そのあとは、

目の前の既存のお客様の支援を、一生懸命するだけです。お客様の紹介を得る方法は、それだけです。とてもシンプルな原則です。

〈お客様から紹介を生む仕事術5項目〉

・お客様のニーズにこたえて成果を出している
・四半期に一度は報告レポートを出している
・自分の専門以外にも役に立てることがないかマメに聞いている
・お客様とのコミュニケーションが良好で敬意ある対応をしている
・社長だけではなく社員とのコミュニケーションにも気を配っている

いかがでしょうか。このような項目に沿って、お客様との関係作りをしておくと紹介を生む関係が築けます。

自分で営業しなくても新規の顧客が来る方法

お客様から紹介がもらえるようになると自分から営業をしなくても、新規のお客様から相談が来るようになります。これは紹介を生む5項目でもお伝えしたように、普段の態度や仕事術、コミュニケーションが大切です。

お客様からの紹介だけではなく、他からも紹介が来るようになると自然にお客様が増えていきます。

お客様からの紹介が増えてきたら、自分の得意分野のセミナーを実施してみましょう。セミナーは、ご自身のターゲット顧客を持つ会社とのタイアップセミナーをお勧めします。

たとえば、介護業界がターゲット顧客のコンサルタントの場合は、介護施設向けの業務効率化アプリを提供している会社とタイアップするなどが考えられます。そのほか、介護施設に入る方を紹介する、介護施設専門の不動産会社もよいかもしれません。

そのように、相互セミナーを行うと、お互いに良いアライアンスが生まれます。一人で営業から、事務作業、お客様へのサービス提供をしなければならないコンサルタントにとって、営業協力をしてくれる会社とつながることは大切です。

最高の喜びはお客様の成長に立ち会えること

ベンチャー企業のコンサルタントとして、長く担当をしていたCさんが言っていたのですが、「お客様の会社の人数がだんだんと増えていって、会社が会社らしく整っていくのを見ると、その成長が嬉しく感じるとともに、感慨深いものがあります」とのことです。

2、3人でスタートした会社が10人、20人と成長する様子を近くで見ることができるのも、コンサルタント冥利に尽きることです。そのような**成長を見守り、伴走支援をすることは、コンサルタントとしての大きな喜びにつながります。**

もちろん、すべての顧問先企業が上場するわけではありません。顧問先企業が、資金繰りが悪化して倒産してしまうこともあるかもしれません。

起業した会社は3年目で半数が倒産すると言われています。中小企業白書の「開業年次別経過年数生存率」に記載されているデータによると、1年目の生存率が72・8％。2年目の生存率が60・9％。3年目の生存率が52・8％となっています。

企業が営業活動に力を入れることは欠かせませんが、それ以外にもいくつか気をつけておきたいポイントがあります。コンサルタントとして**支援先の企業が倒産しないように、気をつけるチェックポイント**をまとめました。

・固定費はなるべく小さく抑える
・うまくいかなかったときの対策を常に用意しておく
・資金繰りについてタイムリーに理解する
・利益は最大に、経費は最小に
・ガバナンスをきかせる

これらがきちんと機能しているかどうか確認することが成長していく企業にとって必要です。ぜひコンサルタントのみなさんは、これから活躍する企業がこれらの項目を実践しているかどうか、確認して伴走支援をしてください。

そして、お客様企業の業績が落ちてきたら、止血をすることが必要です。経費の無駄を抑え、固定費を削る提案をしましょう。

コンサルタントは、感謝の手紙がくる仕事

人事コンサルタントのHさんは、大手企業で人事を担当し、人材開発部に所属してきました。人のキャリアはどうしたら磨けるか、人が辞めない仕組みはどのようにしたら作れるか、研究をし、職場でも実践してきました。

人事部は採用から教育、人事評価、組織開発など年間を通して忙しい部門です。人事部で培ったノウハウを活かしてコンサルタントになりたいと考え、人事コンサルタントの仕事をスタートしました。

社内ではご自身でも研修を行っていたことから、人事コンサルタントとして顧問先の研修も自らが登壇して担っていました。大学を卒業したばかりの新入社員が2年、3年と年を重ね、キャリアを構築する様子を見守ることが本当に楽しいとおっしゃいます。

新入社員研修後には、感謝の手紙をもらうことも多く、その手紙は大切にとってあるそうです。

コンサルタントの仕事は、人の成長や企業の成長に立ち会う仕事です。企業が一

一歩一歩階段を昇るように成長していく姿を、一緒に支援できます。

人の成長と同じように、スモールビジネスは少しずつ大きくなります。急に20センチも30センチも身長が伸びないように、企業も最初はスモールステップで成長します。スタートアップ企業は急激な成長に入るタイミングがあります。スモールビジネスと呼ばれる企業は急激な成長がなく、地道に成長すると言われています。スタートアップ企業、ベンチャー企業、スモールビジネス、それぞれの成長パターンがあります。

マンションの一室から上場会社への成長を支援

長くコンサルタントとして会社にかかわると、会社の成長を目の当たりにします。マンションの一室でスタートした会社が、成長を重ね、人が増え、そして上場の道を歩む。そのような成長ストーリーに立ち会うことができるのもコンサルタントの役割の一つと言えます。

コンサル先の企業がすべて上場するわけではありませんが、人の成長にかかわり、企業の成長にかかわることができる素晴らしい仕事がコンサルタントの仕事なのです。

会社の成長に伴って、そこで働く人も成長します。新入社員の成長を見守るのも、コンサルタントとしては嬉しい瞬間です。

Hさんは、今まで3時間かかって50通近くのメールの返信を書いていた新入社員が、メールの返信にかける時間が1時間になったときなどは、その社員の成長をほほえましく思えたとのことです。

社会で活躍する人材の輩出にかかわった実績は、コンサルタント冥利に尽きます。自己満足かもしれませんが、社会に貢献した瞬間を実感できるのではないでしょうか。

コンサルタントの2つの転機と固定費について

コンサルタントの資源は、自分の頭脳と身体です。ですので、設備投資や仕入れは不要です。そういった意味では資金なく始められるのがコンサルタントの仕事です。

元手がゼロでも始められる仕事、リスクが少ない仕事でもあります。まずは、自分の棚卸しをして、その後は自分のスキルを磨くことで進化します。その繰り返しによって、気がつかない自分の才能に気づけるかもしれません。

資金なく始めるコンサルタントにとって、二つの転機があります。**一つ目は、自宅で仕事をする環境から、少し活動が増えてきて、事務所が必要になったときです。**ホームページを立ち上げて、自宅の住所を載せるのを躊躇することも出てくると思います。そのタイミングがまさに、事務所が必要になるタイミングです。事務所が必要になるということは、固定費が出ていくことになります。

また、来客が増えて喫茶店で打ち合わせをするのに限界が来るタイミングがあります。その時点が、事務所契約のタイミングかもしれません。

いずれにしても、コンサルタントの仕事が増えてきて事務所や公開する住所が必要になるタイミングが来ます。その際には固定費が出ていくぶん、売り上げを一定に増やさなければならないということになります。

二つ目の転機は、人を雇うときです。これは、一人では、お客様の対応が間に合わなくなって、人を雇用しなければならないタイミングです。このタイミングでも固定費が増えます。そして、人はものではないですから、気持ちのケアや福利厚生も必要になってきます。

この二つの転機を、固定費を最小限にして抑える方法があります。

一つ目の固定費の削減は、事務所を借りるのではなく、コワーキングオフィスやバーチャルオフィスを利用することです。

バーチャルオフィスはコロナ禍の影響で2019年以降激増しています。ご自身の自宅の近くにもあるはずです。登記可能なバーチャルオフィスもありますので、ぜひ事務所が必要になったら、探してみてください。

私も、支店はバーチャルオフィスを利用して登記をしています。

二つ目の固定費の削減は、人を雇わず事務代行にお願いすることによって固定費の削減が可能になります。人を雇用するときには固定費がかかることになります。

雇用となるとどうしても、社会保険料などがかかってしまいます。外注の事務代行会社ですと、会社と会社の契約ですので雇用の必要がありませんし、気持ちのケアも社内の社員ほど必要ではありません。

社内の事務作業がルーティン化していて、即時対応が必要でないのであれば、事務代行の会社に頼むことでずいぶんと固定費が下がり楽になります。

さらに、電話も自宅の電話を公開するのを躊躇される場合が多いです。そもそも、固定電話が家にない人も多くいらっしゃいます。電話番号を月額1000円ほどでとれるサービスもありますし、秘書電話サービスも多くあります。

上手に外注のサービスやバーチャルオフィスのサービスを使って、無駄な経費を使わず、コンサルタントの仕事を継続していただけたらと思います。

一生涯安心して働き続ける秘訣とは

老後の不安なく、一生涯安心して仕事を続けられる、それがコンサルタントの仕事です。自分の知識を広げることによって、新しい研究や新しい情報に接することができます。新しい知識を得ることを楽しみ、インプットとアウトプットを常に行うことによって、コンサルタントとしてのノウハウが蓄積されます。ぜひ、インプットを忘れることなく、情報を収集しましょう。

一生楽しく安心して働き続けるための秘訣をお話しします。これから紹介する考え方や行動は、職業を問わず、充実したキャリアと私生活の両立に役立ちます。

心に留めておいてほしいのは、自分自身の専門性を深め、継続的にアップデートしていくことの重要性です。

世界は常に変化しています。その波に乗り遅れないよう、最新のトレンドや技術、理論を学び続けることが、自分の市場価値を高め、安心して仕事を続けていく基盤となります。

次に、人とのつながりの価値を大切にすることです。

同業者だけでなく、異業種の人々とのネットワークを広げることで、新しい視点を得たり、思わぬビジネスチャンスが舞い込んだりするかもしれません。さらに、困難なときに相談できるメンターや仲間の存在は、精神的な支えにもなります。

お金の管理を賢く行うことも、安心して働くためには欠かせません。

収入の管理、貯蓄、投資などを通じて、将来に備えることが大切です。特に、予期せぬ事態に備えて緊急貯金をしておくことは、心の余裕につながります。

働き方についても、柔軟に考えましょう。

必ずしも9時から5時までのオフィスワークが自分に合っているとは限りません。リモートワークやフリーランス、パートタイムなど、ライフスタイルに合わせた働き方を選ぶことで、ワークライフバランスを保ちやすくなります。

仕事だけが人生ではありません。

プライベートの時間を大切にし、趣味や運動、家族や友人との時間を楽しむことも、充実した人生を送るためには必要不可欠です。ストレス管理や自己ケアを怠らず、心身の健康を保つことも、長く働き続けるための秘訣です。

そして、学び続ける心を忘れないでください。新しい知識やスキルを習得することで、自分の視野を広げ、精神的な満足感を得ることができます。

生涯現役で仕事をするために大切な3つのこと

コンサルタントに定年はありません。仕事を続けたいと思う年齢まで働き続けることができます。生涯現役で仕事をするために大切な3つのことがあります。健康な身体、健康な精神、相手への配慮です。

■健康な身体

コンサルタントはお客様のオフィスに訪問することも多く、ときにはお客様の工場やお店に行きます。移動も多いので体力を使います。健康な身体を保つためにも、適度な運動をし、食べるものに気をつけて、健康な身体を保ちましょう。まずは健康な身体ありきです。

■健康な精神

人間ですから、気持ちのアップダウンはあって当たり前です。家庭内や、会社の部下の前では、自分の気持ちのコントロールをさほど気にせずに居られたかもしれません。しかし、お客様の前に行くと、気持ちがブルーだからと言って、トーンダウンした話し方をするわけにはいきません。

お客様と明るく、さわやかに会話するためには健康な精神が必要です。自分の精神バランスをとるために、コンサルタントは工夫をしています。

たとえば、瞑想をする、写経をする、犬の散歩をしながら仕事のアイデアを考える、など健康な精神を保つために自分なりに考えて平常心を保つ工夫をされています。

■相手への配慮

年を重ねると、自分勝手で横柄になってしまうというのは、よく言われることですが、必ずしも年齢とは関係がないとの研究結果もあります。若い世代との価値観の相違やコミュニケーションの方法の違いを受け入れることによって、自分自身も若々しくいることができます。相手への配慮は年齢や性別に関係なく、相手に対するときの基本的な態度として必要な要素です。

活躍しているコンサルタントはこの3つを意識して仕事をしています。特に3つ目の相手への配慮は重要です。

キャリアの重ね方：付き合う相手を見定める

現在84歳の現役コンサルタントのNさんの活躍を近くで見てきて、多くのことを学ばせていただきました。人生経験もビジネス経験も豊富なコンサルタントのみなさんと一緒に仕事をすることは、私自身の成長にもつながっていて、たいへんありがたいことだと感じています。

Nさんがどのようにコンサルタントになったのか、どのようにコンサルティングをしてきたのか、成長する企業とそうでない企業をどうやって見極めたのか、企業の成長をどのように見守ったのかを教えてもらいました。Nさんの発想や、ユニークな営業手法はこれからコンサルタントになる方にぜひ知っていただきたいです。

30年以上コンサルタントを続けているNさんの波乱万丈な仕事人生ストーリーを紹介します。みなさんにとってNさんの事例は、キャリアを積むことがどのようなことか、得意分野を伸ばすことがどのようなことかを考えるヒントになると思います。まさに、人生に無駄なことは1つもないと実感できます。

Nさんは高校卒業後、都内の小さな銀行に入りました。その銀行は大手のメガバンクと違い、中小企業や個人商店が主なお客様です。その銀行では、小さな商店や農家の一軒一軒をお客様としていて、そのお客様から預金を預かるのが最初のNさんの仕事でした。営業マンとして配属されたのはまだ10代のころです。そのころは上司に怒られてばかりの毎日だったそうです。

そのうちに、都内の店舗から地方の店舗に配属変えになって、お客様の層が都内の個人商店から米作りの農家に変わりました。

平日の昼間に、お客様のご自宅に訪問しても誰もいません。一件も預金をお預かりすることができない日々が続きました。名もない小さな銀行に、農家のみなさんはお金を預ける理由がなかったのです。ちょうどそのころ農家は田植えの真っ最中で、農作業中でした。

Nさんはどうしたらいいか考えに考えて、農作業中の田んぼを自転車で巡回しました。そこで、お客様の田植えを手伝いましょうか、と声をかけました。これが、「何かお手伝いすることありませんか?」作戦です。

農作業を手伝ううちに、農家さんと親しくなり、ご近所の田植えも手伝い、どこの田んぼはどこの家の持ち物かがわかるようになりました。順番に、田植えを手伝うことによって、紹介が紹介を呼び、その地域の預金は全部Nさんに任せてもらえたそうです。

そのような営業マインドと営業センスは今でもNさんのノウハウの一つになっています。女性だけの営業開拓チームを作って営業成績を伸ばすなど、ほかの銀行が思いつかないような作戦で、銀行の発展に寄与しました。

Nさんはその後も営業成績をメキメキと伸ばし、役員に昇格します。その後、子会社の社長を歴任し、銀行の常務という銀行にとってはなくてはならない存在になりました。

ところが、勤めていた銀行の業績が悪化して、当時55歳だったこともあって、辞めざるを得ない状況になってしまいました。55歳からの再就職は難しく、どうしようかとしばらく悶々と悩んでいました。

そこで、自分の名前を書いた名刺を100枚作って、東京ビッグサイトで行われている企業の展示会に行ってみたのです。そこで、営業支援のコンサルタントの仕事が決まったことがコンサルタントの活動の始まりでした。

そのころと同時に、付き合いのあった弁護士事務所の先生から声をかけられて、紹介された会社の営業支援を始めることになりました。そうして少しずつコンサルタントの仕事が増えていったのです。

当時はベンチャー企業が多く立ち上がったころで、Nさんはそういった小さなベンチャー企業を中心に応援することにしました。大手のコンサルティング会社がやらないニッチなお客様に対してコンサルティングをしていったのです。

銀行員時代に中小企業の社長を多く見てきた経験から、成長する企業、衰退する企業が見分けられたのです。過去の職業で得たノウハウがここでも役に立ちました。立ち上がったばかりのベンチャー企業がどのように成長するか、伴走支援をしながらNさん自身もノウハウを溜めていきました。

ベンチャー企業も10年ほど経てば、上場する企業も出てきます。そのように、何年も伴走支援ができるのは、Nさんが相手への配慮を持っているからであり、頑張っている中小企業の社長を応援したいという温かい思いがあるからです。

何年も付き合いながら、企業の成長を見守ることができるコンサルタントの仕事はとても面白いとおっしゃいます。長年、コンサルタントをしていると、会社を訪問したときに、うまくいっていない会社や、つぶれそうな会社は直感でわかると言います。

たとえば、規模と会社の調度品がちぐはぐだったり、枯れた植木が置いてあったり、そのような小さな違和感を覚えるときは要注意だそうです。これは多くの会社の栄枯盛衰を数多く見てきた経験からくる直感なのだと言います。

コンサルタントとして活動する際も、どのような会社でも契約するわけではありません。そのような違和感を覚える会社は、なぜその違和感を覚えるかの理由がわかるまで、契約をせずに付き合うそうです。

驚くのは、その直感は90％当たるとのこと。2～3年のうちに、倒産したり、社長が行方不明になってしまったりするそうです。

Nさんが言うには、最後は社長の人柄だと言います。真面目で、人柄がよく、信頼される行動をとれる社長は、困難があっても乗り越えていけるそうです。Nさんが顧問契約をする条件は、社長の人柄が良く、この社長だったら手伝いたいな、と思えるかどうかが決め手だそうです。

キャリアの重ね方：厳しさあっての伴走支援

50代現役コンサルタントのRさんの事例を紹介します。Rさんは銀行にお勤めでした。多くの部下を育てた経験があり、部下育成は得意です。そのような経験と銀行での実務を活かしたコンサルティングをしています。また、本部にもいた経験があるため、広い視野で企業の支援ができます。

ここで、Rさんのストーリーをご紹介しましょう。Rさんは大学卒業後、大手メガバンクに就職し、順調にキャリアを積んで全国に支店長として勤務する経験をしました。そして、その後エリア全体を統括する役割を担っていました。退職前は本部で監査の仕事をしていたそうです。大手メガバンクには珍しいタイプで、徹底した現場主義です。必ずお客様のところに行って社長に会うというスタイルを貫いてきました。また、部下にもそのように指導していました。その現場主義の精神はコンサルタントになってからも続いています。

会社を訪問して社長や役員と会議室で経営について真剣にミーティングをします。まさに伴走支援の典型です。銀行時代に部下の指導をしていたノウハウと、多くの会社の決算書を見てきた経験が今に活きていると言います。

現在は、メーカーに出向転籍をしているRさん。勤めながら副業として、いくつかの顧問先企業を担当しています。土日や平日の夜の時間を使って、若い社長たちと一緒にワイワイ言いながら会議をしている瞬間が至福の時間だと言います。

Rさんの営業支援の方法は、進捗管理シートを作って、営業担当者さんにそのシートを記入してもらい、定例の会議でそのシートを一緒に見ながら、「ここはどうだった?」とか「ここは提案終わってる?」などと一つひとつチェックします。数字は正直というのがRさんの持論ですので、併せて数字のミーティングも必ずセットで行っています。

顧問先企業の若手社長を見守って、会社の発展を支援するコンサルタントの力が、企業文化を支えています。

「Rさんの営業ミーティングは、とても厳しいんです」とRさんにコンサルティングをお願いしている若手経営者は言います。厳しさがあってこその伴走支援が活きていると、RさんとRさんのお客様企業の社長を見ていて思います。

キャリアの重ね方：特殊なスキルほど活かせる

Vさんは、コンサルタントとして活動を始めて10年の男性です。もともとは、新卒で投資信託運用会社に入社し、成長企業への支援をしていました。その後、会社を退職し、スタートアップ支援の専門家として起業しました。

国や県、市区長村の創業支援にはさまざまな取り組みがありますが、そのような行政の情報を、必要な人に、わかりやすくかみ砕いて伝えるのがVさんの仕事です。Vさんは現在、行政機関でスタートアップ企業が相談に来る相談窓口担当を担っています。また補助金の申請アドバイスの仕事もしています。

Vさんが支援をしている会社には、経営のアドバイスをすることも多いのですが、Vさんは補助金の申請のノウハウを多く持っているので、会社を成長させたい社長からはとても信頼が厚いです。

補助金や助成金に詳しいということは、国の予算を読み解いて、今、大局がどの方向を向いているのかを推し量り、それを事業計画に反映させることができるということです。

実際に補助金の申請はかなり難しく、書類も膨大になることから、Vさんのノウハウは素晴らしいということになります。

毎年国会で予算が成立すると、そこから国政を読み解いて私たちに解説をしてくれます。予算を見ることによって、国が何を重点項目にしているかがわかります。

私たちはVさんの解説を聞いて、国の方向性や重点項目についてディスカッションをします。そうすることで、国が向かう方向が理解できます。それがわかっていると、時代の流れを把握することができます。ちなみに今（2024年時点）ですと、DX（デジタルトランスフォーメーション）に予算が多く割かれています。国がＤＸ化に力を入れているということです。

主に、補助金は経済産業省の管轄で、助成金は厚生労働省の管轄です。経済産業省は企業の発展、経済の発展を視野に入れて補助金の予算を立てています。

一方、厚生労働省管轄の助成金は、人を雇ったときや人に対して研修教育を行ったときにお金が出ます。最近では、リスキリング（学び直し）が必要とのことで、研修実施に対して助成金が出ることもあるようです。

企業として成長すると、補助金や助成金を上手に活用する必要が出てきます。Ｖさんのような人が企業のコンサル（顧問）として長く働けるような環境をつくることも、私たちのミッションです。

補助金は経済産業省や中小企業庁、東京都、各市区町村などの自治体が出していることが多く、Ｖさんはそのような補助金情報を持っています。これは、ニッチな部分で特殊スキルを持っている事例と言えます。

キャリアの重ね方：インプットとアウトプットを多くする

Ｐさんは、経営コンサルタントとして20年以上仕事をしているベテランです。もともとコンサルタントになろうと思ったことはなく、気がついたらコンサルタントになっていたという、ちょっと変わった経歴の持ち主です。

Ｐさんの読書量は多く、読む冊数は年間１２０冊近くにもなるそうです。今まで読んできた本の数は相当なもので、その蓄積がＰさんの情報量の礎になっています。Ｐさんに良いコンサルタントになる方法を聞くと、推薦図書を１００冊ほどリストアップしてくれるほどです。

30代で財団法人の技術顧問になり、その縁で、本人の言葉では「いつの間にか」経営コンサルタントを始めたとのこと。最初は経営者の相談相手という立場だったようです。Ｐさんは大学、大学院は理工系で、大学の研究室時代から大手電機メーカーの研究所に出入りしていたことから、技術的な展望などについて経営者と話をしていました。

その後、大学時代の指導教官が技術コンサルファームを立ち上げて、そこに呼ばれます。研究室の先輩の公認会計士の下について修業をしたそうで、Ｐさんはこの公認会計士のことを、経営コンサルタントの師匠の一人と言います。良い師匠に出会うことはとても大事だとのことです。

財務諸表が読めないというのは経営コンサルタントとしては論外。『稲盛和夫の実学　経営と会計』でも会計学の重要性が語られています。

また彼はその師匠に、「経営コンサルタントは全員、大前研一『企業参謀』くらいは読んでいる」と言われて、急いで読んだと言っていました。

彼がこの公認会計士から学んだことの一つとして、「コンサルタントは社長の下ではない、同格でなければならない」という言葉があります。クライアントの希望を聞きすぎることは、経営コンサルティングとしては「良質ではない」ということです。

現在は大学で研究員をしながら、経営コンサルタントをしています。Pさんの得意分野は政策提言を作ることです。地方議員や国会議員の議会質問や委員会質問にあたっての支援や、議員連盟を作ったりするようなこともやっていたようです。

今は、産業創生が一つのミッションだと言います。そのほか、いくつかの外国政府のコンサルをしているようです。Pさんはインプットとアウトプットの情報量がとても多く、一週間ほどで政策提言が入った企画書が２００ページほど出来上がってきます。

いつもそのインプットとアウトプットの量に驚いています。

ハラスメント予防研修で活躍する人事部門元責任者

T・Tさんは、電子機器メーカーの人事部門出身です。会社では、人材開発部門で、社員のキャリアをどのように開発していくかを担当していました。

人材開発の仕事は、従業員一人ひとりが能力を伸ばし、企業全体が成長するために非常に重要な仕事です。T・Tさんは、人と接することが好きで、教育や心理学にも関心があったので、人事部の仕事にやりがいをもって取り組んでいました。

また、組織文化を醸成させるために、T・Tさん自らも研修を設計したり、研修を行ったりしていました。

ところが、会社の業績不振で人員整理を行う必要が出てきてしまいました。会社の方針で、大幅な改革を行わなければなりませんでした。人員整理は、希望退職を募る他にも、どの部門を削減するかなどの決定を行います。

さらには、どの職種やポジションを削減するか、どのように通知するかなども決める必要があります。組織文化を懸命に築いてきたT・Tさんにとって、この仕事はとても辛いことだったのです。

しかし、T・Tさんは人事部門責任者でしたので、実行せざるを得ませんでした。人員整理が終了したのち、T・Tさんは自分も会社を辞めてしまいます。

その後、転職先を探したのですが年齢が高いこともあって、なかなか次の就職が決まりません。

そこで、私たちの会社の門を叩き、現在はハラスメント予防の研修ができる講師として活躍しています。人事の基礎知識があったこと、組織文化をつくる経験をしていること、人に教えたり、人を育成したりすることに生きがいを感じていることから、特にニッチな分野を勉強してハラスメント防止ノウハウを身につけて、ニッチな強みを作りました。

ハラスメント防止のご依頼のある企業に、定期的に研修を行うことによって、働きやすい環境作りに貢献しています。

T・Tさんは現在、人事コンサルタントになるために、次の専門分野を見つけて勉強をしています。次の専門分野は「学び直し（リスキリング）」だそうです。

T・Tさんが、インプットを重ねて、ニッチな強みを発見していく様子を頼もしく見守っています。

私のメンターコンサルタント

海《うん》野《の》恵《けい》一《いち》氏

コンサルタントが自分のキャリアを俯瞰して見て、棚卸しから専門特化し、お客様に対してコンサルティングを実施するという一連の流れを数多く見てきました。今もコンサルタントデビューまでの道のりを見守っています。そこで、私が師と仰ぐお二人のコンサルタントをご紹介します。

お一人は海野恵一さん。海野さんとの出会いは、スタートアップ支援の勉強会でたまたま隣に座っていたことです。海野さんの携帯のバッテリーがなくなってしまい、充電器をお貸ししたことからご縁が始まりました。そのような偶然の出会いから今に至ります。

海野さんはアクセンチュアの元日本代表という華々しい経歴をお持ちです。しかし決して驕《おご》らず、誰にでも公平に接してくれます。

海野さんの素晴らしいところは、とにかく勉強量が多いところです。朝早く起きて勉強をされています。毎朝7時から国際交渉力を身につけるためのブログを書いています。3時間かかるそうですが、欠かさず続けているそうです。

世界情勢をインプットし、海外とのオンライン会議に出席し、その後、情報発信をYouTubeで行います。

そのように毎日忙しいなかで、海野塾という私塾を経営しています。塾では、雑誌エコノミストを読み解くレッスンを行います。土曜日午後に行っている英語ディベートは、気になる話題について動画を見た後に、みんなで英語でディスカッションをするという内容です。海野さん曰く、英語を学ぶのではなく、英語でディベートができるようになることが真の国際人であるということです。

海野さんは英語とリベラルアーツを学ぶことが真のコンサルタントとして必要なことだとおっしゃいます。英文の資料や、YouTubeを題材にリベラルアーツを勉強することによって洞察力と広い視野をどう身につけるかを講義します。

また、欧米人特有の考え方や、見方を分析し欧米人と対等に話ができる基礎知識を身につけることを目指して塾を運営しています。海外の人たちから認められるためにはどうしたらいいのか、何を勉強したらいいのかを常に情報発信しています。

国際社会における考え方、コミュニケーションの仕方、プレゼンテーションの仕方、交渉の仕方において、どのようにお互いの意見の違いを埋めていくかが交渉のカギであると言います。

海野さんから教えてもらった生きづらくなったときの対応策です。

人生誰でも辛いときがあります。仕事がうまくいかない。夫婦の関係がうまくいかない。人とうまく意思疎通ができない。誰とも会いたくない。夜が眠れない。どうしたらいいのでしょうか。

海野塾はそうした人たちのために「儒学」を学ぶ機会を設けています。2500年前の人が書いた「儒学」ですが、当時の人も「無用の用」だと言いました。こうしたことは勉強しなくても困らないのですが、生きていくうえで、最も重要なことだそうです。

その儒学の教えから、生きていくうえでの悩みの解決方法を指南していきたいとおっしゃいます。海野塾のテーマは「生きづらくなったときは、儒学を学んで、楽しい人生を生きよう」だそうです。

〈海野氏インタビュー〉

海野さんの最初のキャリアは、アーサー・アンダーセン（現アクセンチュア）に就職されていますが、コンサル会社に就職しようと思ったきっかけは何ですか？

もともと公認会計士の資格を持っていたので、外資系のアーサー・アンダーセンに興味を持って就職しました。入ったときは20人くらいしかいなかったので、非常に自由な雰囲気で仕事ができました。

アクセンチュアの日本のトップになれたのはどうしてですか？

32年勤めたのですが、コンサルティングの仕事が肌に合っていたのだと思います。入社してからプログラミングを勉強して、エンジニアとしても仕事をしていました。プログラミングが楽しくて、寝る時間以外はずっとプログラミングを書いていました。

その後、仕様書を書くようになって、コンサルティングをするようになりました。どの仕事も寝る時間を惜しんで、仕事に取り組んでいたのが良かったのだと思います。

みなさんにお伝えしたいのは、継続は力なりということです。調子が悪いときも、うまくいかないときも、目標に向かって継続して努力すれば道がひらけます。

トップになるためにどのような努力をされたのですか?

継続が大事です。絶えず目標をもって、挫折しても何があっても、継続して努力すること。ギブアップしないということが大事です。

日本企業にコンサルティングをする際に難しかったことは何ですか?

日本の企業は保守的なので、変革に対する抵抗があります。会社の変革に対して理解しているのはトップとナンバー2くらいです。それ以外の方々は、変革を恐れてしまう。コンサルティングをするときにはトップと話をすることが必要です。

今後コンサルタントを目指す方にアドバイスをお願いします。

やはり、お客様の3倍は努力しないといけません。お客様のほうが、コンサルタントよりも専門家なので、普通にやっていてもお客様に勝てません。そのためにはお客様の3倍は働かないといけません。お金をもらっているからには成果を出さなければいけません。

ですから、お客様を好きになって、お客様のためならどんな課題があってもひるまないでやりとげる、そんなマインドセットができればコンサルタントができます。成果をだすためには、寝る間を惜しんでお客様の役に立たなければいけません。お客様に必ず優れた効果を提供しなければならない、滅私奉公の心が必要です。

●海野恵一氏プロフィール
SDGs Innovation Hub 代表理事。海野塾塾長。アクセンチュア株式会社元代表取締役。東京大学経済学部卒業後、アーサー・アンダーセン（現・アクセンチュア）入社。以来32年にわたり、ITシステム導入や海外展開による組織変革の手法について日本企業にコンサルティングを行う。アクセンチュア代表取締役を経て、2004年、スウィングバイ株式会社を設立、代表取締役に就任。現在は、SDGs Innovation Hub 代表理事として活躍。

私のメンターコンサルタント

玉木《たまき》欣也《きんや》氏

私のメンターとして、専門特化した分野を数多くお持ちのコンサルタントであり、大学教授の玉木氏をご紹介します。玉木氏は、大学で経営学を教えつつ、青山学院大学の教授陣が出資してたてたコンサルティング会社の代表を務めています。

玉木氏の素晴らしいところは、誰よりも早く新しい分野に挑戦されて、専門を極めるところです。ＳＤＧｓの研究をする研究所の所長でもあり、現在はＣＥ（サーキュラーエコノミー）の研究に力をいれています。玉木氏もインプットとアウトプットがすごく速いのが特徴です。

前出の海野さんも、玉木教授もそうですが、お二人に共通しているのは、視座が高く、人類の平和であるとか地球全体の環境を常に考えていらっしゃることです。

玉木教授の設立された青山ヒューマン・イノベーション・コンサルティング株式会社は、青山学院と大学教員６名とによる共同出資により、２００８年12月12日に設立し、現在、7事業部門により事業を推進しています。

現在までに多くの国家プロジェクト事業（文部科学省、経済産業省、ＪＩＣＡなど）や、地方自治体事業、産学共同研究、国内外の他大学との積極的な大学連携を推進してきました。

それらの実績や成果、そして蓄積してきたノウハウを踏まえて、5年先、10年先の未来を俯瞰した国際、社会、地域、企業、人間に関する「ＳＤＧｓ社会課題の解決」に向けて、中核的な役割を果たせる「国際社会や経営革新などの未来戦略デザイン・リーダーの人材開発」に取り組んでいます。

また、創業あるいは事業発展の際に主幹業務となる「事業創造・顧客創造・組織創造を支援するコンサルティング」を推進することによって社会に貢献することを目指しています。

玉木教授は大学助手時代に産学共同研究に従事し、米国パデュー大学にてVisiting Scholarとして国際産学協働事業に参画して、指導教授、学生、大学院生と実務家とで英知を結集した未来志向の研究、事業を目指すことの大切さを実感しました。

玉木教授は、学び直しの大事さをいつもおっしゃいます。社会人も大学院に戻って学ぶ機会をつくるべきと、社会人大学院生を増やす取り組みをされています。

いくつになっても学び続けることを教えていただきました。

〈玉木氏インタビュー〉

なぜ大学の教授陣とコンサルティング会社を作ったのですか？

コンサルティング会社の前身として、産学共同研究プロジェクトを発足させました。アメリカのvisiting scalarの経験に影響をうけて、学内の教授だけでなく、学外の専門分野の先生や一般企業と一緒に研究をし、社会実装する研究と社会実装事業化をしたかったのです。

大学の教授が行うコンサルティング会社の特徴は何ですか？

研修事業とコンサルティング事業の両方を行っており、大手ではやらない中堅、中小のコンサルが多く、人材育成型のコンサルティングをしているところが特徴です。伴走支援型のコンサルティングとも言えます。産学官共同研究の際に学生参加プロジェクトを行うことができるのが、大学の教授が行うコンサルティング会社の特徴です。

玉木先生は地方創生に関する本も執筆されていますが、地方創生に必要な要素は何ですか?

ＳＤＧｓ、サーキュラーエコノミーを中心にした３つの事業が必要です。

・未来の社会課題解決事業
・グローバルな社会課題解決事業
・地域の課題解決事業（地方創生につながる事業）

地方創生には、地域の要素として、自治体の中で本気でやりたいと思っている人がいる。市長、町長、職員が課題解決に対する熱意を持っている。地域リーダー企業がある。このような要素が重要です。

企業にコンサルティングをする際に難しかったことは何ですか?

大手の競合があるなかで、独自のノウハウを提供し、他社優位性を打ち出すことに工夫が必要でした。各専門家の教授がいること、さまざまな専門分野と実務家がいることが特徴ですので、そこが競合他社と違うところです。

今後コンサルタントを目指す方にアドバイスをお願いします。

どの分野のプロになるのかが大切です。よいコンサルタントになるためには5つの要素が必要です。

・研究し続けること。
・勉強し続けること。
・海外の動向もサーチすること。
・先端的な情報を集めて、世界はどうなっているかキャッチするセンスを磨くこと。
・コンサルタントは社外の人なので、丁寧にコミュニケーションを取る姿勢が必要。特に地方創生の場合はコミュニティに入って仕事をすること。

ぜひ、広い視野を持って、コンサルタントとして社会貢献をしていただけたらと思います。

コンサルタントとして活躍するみなさんには、視座を高く持って「地球規模でものごとを考えるくせ」をつけていただけたらと思います。自分の一生だけでなく、人類の未来まで見据えて、コンサルタントとして何ができるか考えていただきたいです。

未来の地球のために、未来の子どもたちのために、世界の平和のために、いま自分たちができることを考えることによって、よりよい未来が拓かれます。みなさんとともに、よりよい社会に向けて研鑽をしていきたいと思います。

●玉木欣也氏プロフィール
青山学院大学経営学部教授。青山学院大学ＳＤＧｓ／ＣＥパートナーシップ研究所所長。青山ヒューマン・イノベーション・コンサルティング株式会社代表取締役。早稲田大学理工学研究科博士後期課程単位取得（工学博士 早稲田大学）。１９８９年米国パデュー大学、Visiting Scholarとして産学共同研究に従事する。専門分野はビジネスイノベーション、顧客創造戦略、グローバル製品サービス戦略、ＳＤＧｓ地方創生、循環型経済（ＣＥ）。

おわりに　感謝されて世の中に貢献できる仕事

私がコンサルタントと一緒に仕事をするようになって、驚いたことがあります。コンサルタントはご自身の経験から月次ミーティングでアドバイスをします。そのアドバイスが実に現実的で的を射た解決策で、聞いていて本当に「なるほどなぁ〜」と思うことばかりでした。

このような、生きる知恵と言いますか、ビジネスの本当に大切な知恵やノウハウ、ビジネスの本質を多くの企業に伝えることができたら、どれだけ社会に貢献することができるだろうかと考えてこの本を企画しました。

業界が変われば常識も変わると言われる社会のなかで、業界を変えればこんなにもコンサルタントの知恵が会社の役に立つのか、と日々実感しています。

私たちの仕事は、**コンサルタントになりたい人が、まだ気がついてない才能やノウハウを「見える化」して、求めている企業に提供し、社会貢献をすること**です。

企業が成長すれば、社会に貢献ができます。そのような企業の成長をコンサルタントとともに日々支援しています。

支援した会社が上場したとき、その会社を創業期から担当していたコンサルタントは「まだ会社が4人でスタートしてマンションの一室で仕事をしていたころを思うと、感慨深いな」とおっしゃっていました。

このように社会に必要とされて、活躍されているコンサルタントと一緒に仕事ができることに誇りを感じます。

私が好きな映画のひとつに『マイ・インターン』という映画があります。ロバート・デ・ニーロとアン・ハサウェイが出演しているコメディです。洋服のECサイトを運営するアン・ハサウェイの会社に、インターンとして入った70歳のロバート・デ・ニーロ。最新のPC操作についていけなかったり、若い人のスピード感についていけなかったりするのですが、年長者ならではの知見やアドバイスで、会社にとって必要な存在として認められていくストーリーです。現代の世の中を表したような映画です。

今は、一人ひとりの個を尊重し、さまざまな価値観を共有する多様性社会になりつつあります。違いがあるからこそ、いろどりの豊かな社会になるのではないでしょうか。

赤い花には赤い光が、青い花には青い光があります。それぞれが心に持つ個性を咲かせる、いろどりのある世の中になってほしいと思います。

自分が経験してきたことで誰かの役に立てる仕事、これがコンサルタントの仕事です。

自分の経験を活かすスキルを身につけたコンサルタントとともに、社会のために一緒に仕事ができれば幸いです。

2024年5月

林田佳代

本書で紹介しているサイト

商標をチェックするサイトや相談できる公共サービス

・特許情報プラットフォーム「商標検索」
https://www.j-platpat.inpit.go.jp/
・知財総合支援窓口
https://chizai-portal.inpit.go.jp/

クラウドソーシングの主なサイト

・ランサーズ　https://www.lancers.jp/
・クラウドワークス　https://crowdworks.jp/
・ココナラ　https://coconala.co.jp/

プロフィールのひな形シート　無料ダウンロードサイト

経済産業省　ローカルベンチマーク・シート ダウンロードサイト

https://www.meti.go.jp/policy/economy/keiei_innovation/sangyokinyu/locaben/index.html

著者紹介

林田佳代　株式会社ソフィアコミュニケーションズ代表取締役。コンサルタントとしての意識や考え方を持つことによって60秒で不安がなくなる生き方を提唱。リストラが心配な人や定年退職前の不安な人にとって駆け込み寺のような存在となっている。ゼロからコンサルタントになる方法を伝え、活躍できるフィールドを提供し、企業での実務経験を活かした新しい道への後押しをしており、年収1,000万円以上のコンサルタントも輩出。金融機関、官公庁、大手メーカー、サービス業など、コンサルタントの出身業種も多岐にわたる。本書は、自分の強みに気づき、コンサルタントとして活躍できる方法をまとめた一冊である。

ニッチで稼《かせ》ぐコンサルの教科書《きょうかしょ》

2024年6月15日　第1刷

著　　者　林《はやし》田《だ》佳《か》代《よ》

発 行 者　小澤源太郎

責任編集　株式会社 プライム涌光
電話　編集部　03(3203)2850

発 行 所　株式会社 青春出版社
東京都新宿区若松町12番1号 〒162-0056
振替番号　00190-7-98602
電話　営業部　03(3207)1916

印　刷　中央精版印刷　　製　本　ナショナル製本

万一、落丁、乱丁がありました節は、お取りかえします。

ISBN978-4-413-23362-0 C0034